区域农业规划理论与实践

以新疆和田地区为例

张 斌 姜 鹏 钟春艳 主编

中国农业科学技术出版社

图书在版编目（CIP）数据

区域农业规划理论与实践：以新疆和田地区为例 / 张斌，姜鹏，钟春艳主编 . —北京：中国农业科学技术出版社，2020. 1

ISBN 978-7-5116-4511-1

Ⅰ. ①区… Ⅱ. ①张…②姜…③钟… Ⅲ. ①区域农业-农业发展规划-研究-和田地区 Ⅳ. ①F327. 452

中国版本图书馆 CIP 数据核字（2019）第 260845 号

责任编辑 朱 绯
责任校对 贾海霞

出 版 者 中国农业科学技术出版社
北京市中关村南大街 12 号 邮编：100081
电 话 (010) 82106626 (编辑室) (010) 82109702 (发行部)
(010) 82109703 (读者服务部)
传 真 (010) 82106626
网 址 http://www. castp. cn
经 销 者 各地新华书店
印 刷 者 北京建宏印刷有限公司
开 本 710 mm×1 000 mm 1/16
印 张 10. 75
字 数 216 千字
版 次 2020 年 1 月第 1 版 2020 年 1 月第 1 次印刷
定 价 39. 00 元

《区域农业规划理论与实践：以新疆和田地区为例》

编 委 会

主　编：张　斌　姜　鹏　钟春艳

副主编：姜翠红　王　植　吴思齐

编　者（按姓氏笔画为序）：

卫如雪　马　超　王　植　王源斌
司锡建　祁　娜　李　慧　李艳军
吴思齐　张　斌　张昊宬　陈立光
胡小敏　钟春艳　姜　鹏　姜翠红
程长林　智若宇

目　　录

上篇　理论篇

下篇　实践篇

上篇　理论篇

第 1 章　区域农业规划的基本内涵

一、区域农业

区域农业是指农业生产特征类似且空间联系密切的地区的农业。区域农业是农业自然地域差异与劳动地域分工交互作用下的产物，是历史形成的客观实体。它表现为农业区域之间的异质性和区域内的相对一致性，即一个农业区域，它的自然资源特点、农业生产特点和发展方向、开发利用的模式等均有相似的特点。其具体表现为以下 5 种特征。

一是空间上的整体性。区域农业是一个地理单元或一个行政区域单元，单元内农业与文化、教育、科技、卫生、环境、社会等非农产业形成一个完整的单元体系，表现为区域经济的整体功能。

二是层次性。区域农业在范围上有大有小，在层次上有高有低。从全球来说，可分为各热量带农业，又可分为各洲农业、各国的农业。国家以下又有省（自治区、直辖市）、地（州）、县各级，都可以划分为不同的农业经济区；也可按不同的研究目的，分为不同用途的农业区，如外向型农业区、商品粮基地农业区等。一般来说，大的农业区下，可以以亚区来表示大区内部的次一级差异。

三是动态性和阶段性。区域农业和农村经济在不断进步和变化，变化的类型包括线性的，如施肥、灌溉与产量的关系；也有非线性的，如气候异常对产量的影响；还有非对称性的变化，如区域产业结构优化升级、质与量的变动，必然会导致农村经济非均衡发展。不确定性的影响，如农业政策的变化、市场变化、突发性灾害等，对农业的发展影响很大，有些甚至是不可抗拒的，给农业带来风险或机遇。应分析区域农业发展的阶段性特征，以便采取正确的对策。因此，随着社会经济、科技、交通的发展，区域农业的阶段性和动态性愈发明显，基本跳出了传统经济时代典型的受制于气候、土地、地理条件等自然因素的制约，经济功能的互补成为区域经济合作发展的主要特征。

四是依赖性。区域农业作为一个农业经济区域，它是以区域中的大城市为中心，以广大农村作为腹地而形成的一种经济网络。以城市为经济中心，农村经济服务城市，并且在服务中得到发展，城市又拉动、扶持农村经济的发展。

五是极点辐射性。区域是由节点、域面和网络三部分构成的。节点是区域内的城镇，它使广大农村分散的经济活动凝聚起来，走向局部集中，成为该范围内农村经济发展的增长极。节点作为区域经济的增长极，具有磁极吸引功能。域面指节点吸引的区域范围，是区域内节点的腹地。网络是指物资、资金、劳动力、信息等生产要素在节点和域面上流动的路线和方向。网络可以带动整个区域的发展。

二、区域农业规划

区域规划，是指在一定地域范围内对国民经济建设和土地利用的总体部署，即根据国民经济和社会发展的长远计划和区域的自然及社会条件以及区域所处时间、空间的外部环境，对区域内农业、工业、第三产业、城镇居民点以及其他各项事业和重要工程设施进行空间的全面部署。区域规划是经济发展，特别是工业化进程的产物。

区域农业规划则属于区域规划的一个组成部分，概括地说，区域农业规划是指如何在空间和时间上科学合理地安排各种农业生产，使有限的农业资源获得最大的效益。具体而言，区域农业规划是指对一定农村地区的农业资源实行综合开发，并在规划地域范围内对农业各部门进行合理配置，亦即在一定范围的农业地域内进行农业经济发展建设的总体部署，有效地开发利用该区域农业的资源，合理调整该区域内部农林牧渔等构成比例以及发展与农业生产有关的工、商、运输、建筑、服务等产业，使各产业之间的生产性和非生产性建设的构成比例、规模以及所需人力、物力、财力等各方面协调发展和综合布局。

区域农业规划主要任务是：根据国民经济发展需要和农业地域差异，确定农业生产的区域分工，有效利用农业资源，合理配置生产力，发挥区域优势，改善农业生态环境，统筹安排农业开发和建设，使农业同整个国民经济以及农村有关部门相互协调。具体内容是：①全面分析评价农业自然资源与社会经济技术条件。②研究确定区域的发展方向、重点和战略目标。③提出合理调整农业生产结构与布局的方案。④确定合理利用农业资源、农业综合开发的目标与内容。⑤提出建设农业商品生产基地和增强农业物质技术基础、改善生态环境的方案。⑥综合协调农林牧渔业和农产品加工业、农用工业以及整个经济社会发展的关系。⑦进行开发建设项目的效益分析。⑧提出实现区域开发与建设的政策与措施。不同区域的资源条件、生产特点、发展战略不同，规划内容也有所侧重。规划的区域范围，有不同等级（全国、省、地、县等），不同层次（一级区、二级区、三级区等）的差别。

由于农业生产的特殊性，与一般的区域规划不同，区域农业规划具有以下特殊属性。

1. 导向性

区域农业规划是对整个规划区域内的农村经济社会发展进行长远的战略部署，从而为农业的发展指出前景、描绘蓝图，规划的好坏将直接影响农业发展。区域农业规划着眼于农业区域未来的发展，使农村经济的发展方向、规模乃至布局日趋合理，并对相邻的区域、对整个经济社会的发展产生巨大的影响，对所规划地区的整个经济建设的重要决策具有导向性。

2. 差异性

中国农业生产历来就有“十里不同天”的说法，地域差异性是区域农业规划中一个不容忽视的特点。不同的农业区域在自然条件、社会经济条件、农村经济发展的历史、现有的基础和水平以及在国民经济总体中的地位和作用等方面，都存在着差异，必然导致今后发展方向、重点及应采取的措施、途径等方面的不同。因此，区域农业规划的内容与形式，必须从区域的实际情况出发，反映区域的特色，避免生搬硬套。

3. 层次性

农业区域是一个复合系统，可分为农业、工业、商业、交通运输、邮电通信、建筑、社会服务等子系统。各子系统仍可分为更次一级的子系统，如农业可分为种植业、林业、畜牧业、渔业等子系统。大系统与各层次的子系统之间又存在相互渗透、相互依存的复杂关系。系统中任何一项活动都与社会的各方面有着千丝万缕的联系。因此，充分了解农业区域大系统及各层次的子系统之间的关系及其内在联系，对规划目标的确定和发展模式的建立都有极大的帮助。

4. 动态性

影响农业区域的各种自然、技术、经济、社会等因素以及对区域经济和社会发展的作用，是随着时空变化而变化的。同时，区域是一个开放性的系统，不断通过输入和输出与外部环境进行能量、物质与信息的交换。因此，应在合理的制度框架内，强调规模阶段的动态性，结构的可生长性，空间地域的关联性、开放性，时间的延续性，资源配置的合理性等，才能科学地制定区域农业规划。

5. 综合性

农业是由多部门组成的，包括众多的生产部门、门类、项目，每个部门、门类或项目对地区布局所要求的条件、布局特点和规律都各不相同。区域农业规划着眼于整个区域农村经济与社会的全面发展，它涉及自然、技术、经济、社会各种因素。因此，在规划中必须进行综合分析，分清主次，正确处理各方面的关系，通过多方面的综合平衡，才有可能取得好的效益。

第2章　区域农业规划的演化过程及发展趋势

一、区域农业规划演化过程

（一）创始阶段（20世纪50—60年代）

当时为了适应社会主义经济建设的需要，大部分的省（自治区、直辖市）初步完成了省级农业区划，有关部门也提出了全国农业区划的初步意见。1950年年初，中国科学院地理研究所、南京大学、浙江大学的地理学者开展了以水利开发为中心的农业地理调查。1955年，受农业部委托，由周立三主持，组织经济地理学者编写了《中国农业区划初步意见》，将全国划分为6个农业地带和16个农业区。与此同时，邓静中等编写了《中国农业区划方法论》，对我国农业区划进行了比较系统的理论与方法探讨。江苏、四川、广东、黑龙江、山西、湖北等省相继开展了农业区划工作。1956年，在中共中央《全国农业纲要（1956—1967年）》报告中提出，用12年的时间，基本实现我国农业现代化的目标，粮食、棉花等单产要达到甚至超过发达国家同期水平。

（二）停滞发展阶段（20世纪70年代至20世纪末）

受“大跃进”“文化大革命”和农业政策（尤其是农村土地制度安排）失误等影响，长期奉行的“以粮为纲”的政策并没有从根本上解决我国的粮食危机。改革开放初期，面对农业和工业比例关系严重失调的现状，如何促进农业发展仍旧是中央政府关注的核心问题之一。1979年，国务院再次着手全国农业资源普查和研究制定农业发展规划工作。1978—1984 年，在农林部（1979 年改组农业部和林业部，1982 年改组为农牧渔业部）的组织下，以周立三、邓静中、沈煜清等为代表的地理学家、农学家在过去长期研究的基础上，提出了比较系统的农业区划理论与方法，相继主持和参与“全国农业区划”纲要的编制、省级及以下大量农业区划工作，代表成果有《中国综合农业区划》。其间，伴随着全国性的农村土地制度改革，我国农业获得持续 6 年的大丰收。此后，随着农村联产承包责任制的不断完善和制度化，困扰我国 30 多年的温饱问题基本得到解决，农业和工业比例关系失调得到极大缓解。

（三）快速发展阶段（21 世纪至今）

随着中国区域协调发展战略的实施以及全国农业和农村经济发展“十五”计划和“十一五”“十二五”“十三五”规划的颁布，区域农业规划面临重要的历史发展机遇。2003 年，农业部发布了《优势农产品区域布局规划（2003—2007）》，旨在通过实施扶优扶强的非均衡发展战略，重点培育优势农产品和优势产区，做大、做强一批具有国际竞争力的农产品产业带，形成合理的区域布局和专业分工。与此同时，“美丽乡村”“乡村振兴战略”的提出以及以现代农业、特色农业、都市农业、生态农业等为主题的区域农业规划的编制和实施工作，有力推动了区域农业规划发展。

二、区域农业规划发展趋势

当今，我国区域农业规划已由过去的大面积荒地的治理和开垦、农场大片土地的利用，甚至是农场的建设逐步向国家宏观农业规划和某地某一产业发展、示范园的建设或一些科技成果转化和推广应用等微观规划的两极发展。主要体现在：一是从以前的大田农业规划为主逐步向设施农业、休闲农业、乡村旅游为主的方向发展，继承和发展农业传统生产功能的同时，拓展了农业的休闲文化功能；二是当前区域农业规划更加注重综合性，除了单纯的种植业、养殖业之外，农产品加工业、农业物资流通和信息传播平台等反映现代农业生产手段的技术也集成到农业规划中；三是区域农业规划与国家级、省级的国民经济发展规划、生态保护规划以及跨区域合作经济发展规划联系越来越紧密，政策的依赖程度也更加紧密；四是现代遥感信息技术具有快速、准确、周期性、宏观性和实时地获取地理环境状况及其变化数据的优势，同时数据处理分析系统和地理信息系统又具有多种数据的综合处理分析能力，它们在区域农业规划中广泛运用，使其更加直观。

结合区域农业规划的未来发展趋势，给从事农业规划的工作者提出了更高的要求，不仅要熟悉农业专业知识，扩大知识面，而且要清楚国内外农业发展的现状、方向和趋势，掌握国家农业发展的大政方针。随着我国现代化建设的推进，农业的人口、劳动力、产值在全国总量中的比重都会逐步减小，但农业的基础地位不会下降。编制好区域农业规划，优化农村产业结构是实现现代农业的一个重要任务。并且，随着乡村振兴战略的实施，开展区域农业规划工作在当前阶段具有十分迫切的现实意义。

第3章　区域农业规划编制的关键问题与原则

一、区域农业规划编制的关键问题

（一）难点是推进创新管理方式

随着我国区域农业的快速发展，通过对比和观察可以看出，凡是区域农业发展较好的地方，都是区域政府拿出了极大的决心和勇气，付出了辛勤的努力，深入的改革管理方式，消除阻碍区域农业发展的机制，大胆地结合当地农业状况，提出适应当地农业发展的新机制、新规则、新政策，给农业资本和技术的进入打开了“通道”，才使得区域农业得以快速发展。

（二）重点是扶持主导产业

结合区位特征、产业市场前景、产业链开发综合情况，确定主导产业，围绕适合区域发展主导产业，创新管理模式，加大扶持力度，加快推进资本、人才、土地等各类要素在区域内积聚，形成主导产业带动农业现代化的发展路径。

（三）“红线”是农业生态环境

探索可操作的“约束性”指标，制定可行的农业生态保护法规、农业环境补偿条例，加快改善和恢复区域农业生态环境，绝不允许以牺牲生态环境为代价的农业发展，是区域农业规划不可或缺的重点环节。

二、区域农业规划的编制原则

（一）科学发展原则

党中央提出的科学发展观要求发展要坚持以人为本，在编制区域农业规划时，也要遵循这一指导思想，充分考虑农民的发展需要和切身利益。要按照科学统筹发展的思想，从战略上、规划上对农业发展及其制度、体制、政策进行通盘考虑。例如，如何加快农业生产的现代化、产业化和专业化；如何科学合理安排农业生产内部的农林牧渔协调发展问题；如何大力推进农村城镇化建设，从而更好地为解决“三农”问题服务；如何进一步改善农村基础设施条件，增加农民收入，加快农村发展等都需在区域农业规划中具体落实。

（二）比较效益原则

农业生产率是和自然条件联系在一起的，并且由于自然条件的生产率不同，同量劳动会体现为较多或较少的产品或使用价值，由于农业资源尤其是自然资源的稀缺程度不同，客观上决定了各个地区在不同农产品的生产上具有不同的比较优势。如果在适度分工和专业化基础上通过相互交换来协调区域间的农产品供求，必然会提高农业部门的经济效率，从而增加整个社会的净福利。因此，必须结合本地区自然条件和自然资源实际，综合考虑资源条件、生产基础、市场环境以及资金、技术等方面的因素，扬长避短，科学合理地编制区域农业规划，优先发展具有一定基础和竞争力的产品和产区，尽快形成规模优势。

（三）市场导向原则

区域间农业比较优势并不是静止不变的，而是随着市场的变化而不断变化的，特别是跟随生产和消费结构的变化而处于动态的变化之中。区域农业规划的编制必须以市场为导向，实行市场优先的原则，既要考虑国内市场，更要着眼国际市场；既要瞄准现实需求，也要着眼潜在需求。根据瞬息万变的市场供需情况来调整和安排农业生产，从而使农业生产获得最大的经济效益。要立足多样化、优质化市场需求，重点发展市场占有率高、国内或国际市场前景广阔的优势农产品。

（四）科技兴农原则

农业要增效，农民要增收，科技必先行。在我国耕地逐步减少、人口不断增长和人民生活需求日益增长的形势下，要保证我国的粮食安全，必须依靠科技来提高劳动生产率和单位面积产量。因此，在我国编制区域农业规划时，应当充分体现“科技兴农”原则。要大力实施“科技兴农”战略，把农业增效、农民增收作为农业和农村工作的重点。要采取必要措施不断增加农业科技投入，加大农业科技推广力度，建立健全科技服务体系，强化科技教育和培训等措施，使科技进步真正成为农业增效、农民增收、农村稳定的重要支撑和动力。

（五）生态安全原则

我国土地资源、水资源和能源相对不足的矛盾越来越尖锐，生态破坏和环境污染十分严重，农业和国民经济发展的资源和环境双重约束日渐凸显。这既与我国人口众多、资源短缺、自然环境承载能力较弱的基本国情有关，也与在农业生产中不尊重自然规律的行为有关。因此，我国的区域农业规划编制必须树立生态安全理念，正确处理生态安全用地、用水需求与经济安全资源保障的关系。坚持以人为本，树立全面、协调、可持续的科学发展观。必须转变只讲经济效益，不讲生态效益；只讲经济成本，不讲生态环境成本的农业发展理念。

第4章　区域农业规划的编制流程

一、规划准备

准备工作是规划设计前最重要的一项常规基础性工作，充分的准备工作是必要且必需的，可以大幅度提高规划设计效率。规划准备工作一般包括组织发动、起草大纲、任务分工、收集素材等环节和内容。

（一）组织发动

区域农业规划多由地方政府或农业主管部门发起，组织上还属于“自上而下”的政府行为。但它并不像城镇规划、国土规划那样完备，地方各级主管部门对区域农业规划的认识还不深刻，这就要求规划师在编制规划的同时，要做好相关知识的宣传和普及工作，使地方相关人员了解区域农业规划的基本内容，大力支持并积极参与规划设计。

区域农业规划的范畴已不仅仅局限于种植业，也不局限于农林牧渔的大农业，而是广义的涉农产业，涉及的管理部门多，需要各部门的支持和配合，这就要求必须成立地方主要领导挂帅、各涉农管理部门主要领导任成员的领导、协调小组，来保障规划各环节的顺利进行。这一点至关重要，如果没有地方领导的支持、没有各涉农管理部门的配合，规划工作可以说举步维艰、很难成功。

（二）起草大纲

在规划设计前期，要深入了解委托方编制规划的目的和初衷，与委托方商议拟解决哪些问题，哪些领域是重点研究内容，规划的深度和范围，成果提交形式及期限等问题。在与委托方达成共识后，初步拟定区域农业规划的主要内容，起草规划大纲，大纲不必特别详细，只需确定几个研究方向或专题即可，这样才能有的放矢，为日后的调查和研究指明方向。

（三）任务分工

规划设计需要一支专业、精干的团队，区域农业规划的团队一般由具有农业、经济、生态、工程等领域知识背景的专家和规划人员组成，这些技术人员在一起综合协调、统筹分配、协商对策。根据初步拟定的规划大纲和团队成员的知识背景，进行任务分工、进度安排，并明确各自的研究对象和内容。除规划设计团队分工外，辅助人员的任务分工也要明确，主要由规划单位提出要求，由委托方负责落实，主要负责接待、向导并与其他单位或基层组织的联络、接洽等事宜。

（四）收集素材

这阶段的素材收集，主要是采用文献调查法收集文献材料和网上资料，如规划区域的自然条件，包括气象、水文、土壤、植被等资料，也包括规划区域的社会经济条件，如工农业生产、劳动力、特色产业、文化积淀、交通区位、行政区划等信息，不仅是规划区范围内的资料，更重要的是上一级行政区域或是更大尺度范围内的基本资料。这些资料是不必深入规划区域调查，通过网络、图书、文献等材料查阅即可获得的，可以帮助规划师对规划区域有基本了解、形成初步认识。

二、实地调研

常规性的准备工作结束后，实地调研是规划设计中最直接、最重要的调查方式，获取大量的、翔实的一手数据对于任何规划设计都是至关重要的，农业区域的基础数据和信息较城市缺乏和凌乱，不能像城市规划那样从分工较为详细的管理部门获取，很多资料需要规划人员自行采集，这就更加凸显实地调研的重要性，充分、细致、全面地调查为规划方案设计提供重要的论据和基础。

(一) 调研形式

1. 全局调研

不仅局限于区域农业发展的相关方面，还包括自然、社会经济和大尺度范围内的基本资料，一般可以通过“踩线”或“填写报表”等形式完成。通过全局调研可以使规划工作人员快速了解和掌握规划区域基本情况，形成感性认识。全局调研一般遵循“十多”原则，即“多看、多想、多问、多走、多听、多记、多摄（拍照和录影）、多尝（品尝）、多取（直接获取有关部门纸质资料或电子资料）、多采（采样）。”

2. 重点调研

在全局调研的基础上，针对区域农业发展的关键问题，采取重点专项调查，属局部的深度详查，调查重点是当地农业发展存在的问题或是制约条件，这些问题的选取必须要准确、恰当，并将定性和定量分析、调查和研究相结合，形成一定水平的调研报告，作为规划方案设计的参考。

3. 补充调研

补充调研也称“后续调研”，是指在规划方案设计中，对新发现的问题或没有调研清楚，或是需要改变调研角度（对象）的问题进行补充。事实上，规划设计的调研需要多次补充完善，经过几次反复才能满足需要。虽然补充调研是不可避免的，但仍要减少补充调研的次数，尤其避免在同一地点频繁多次地重复调研。

(二) 调研方法

1. 观察法

观察法是最简单、最实用、最灵活的调研方法，调查者有目的、有计划地利用感觉器官或借助观察工具或仪器，直接考察规划区域各要素，通常也称作“现场踏勘法”。观察法要求规划工作人员以其敏锐的专业视角，选择最佳的观察时机和合适的观察对象，观察出规划区域农业发展的态势，经过简单的经验分析和思考，形成初步的判断和认识。观察法要做好记录，包括观察笔记、观察卡片、调研草图、拍照摄像等。

2. 访谈法

访谈法主要通过口头交谈的方式，从被访者那里得到信息和资料。访谈法的形式多样，可以是有组织、有计划的会议座谈，也可以是临时的随机访谈，访谈对象既可以是涉农主管部门或企业的负责人，也可以是参与农业生产的一线农民。访谈法需要调研人员有着较高的访谈技巧和丰富的知识面，通过简单、短暂、委婉的对话，可以迅速切入主题并控制谈话内容，获取规划所需的信息，并对获取的信息进行初步总结、筛选和判断，得到客观、准确的一手材料。

3. 问卷法

问卷法是社会学等最常用、最广泛的定量调查方法。它具有调查标准化、样本推断整体、抽样调查等特点，可以采用自填、邮寄、集中、访谈、电话、网络等方式进行问卷调查。问卷法一般包括 3 个关键环节，即问卷设计、问卷调查、统计分析。区域农业规划有关问卷的调查对象大多是农民或农业工作者，应根据这一群体的特殊背景设计针对性较强的调查问卷，可先进行小规模预测试，完善后再大范围开展，紧紧围绕农业生产、农民生活等情况的调研内容开展问卷调查，以满足规划师对农业基础数据的需要。

（三）调研内容

1. 自然状况

自然状况是区域农业发展的基础条件，它们不仅决定了农业生产条件，而且对生产规模、质量、方式、经营、机械化水平等都有重要影响，自然状况主要包括地理区位、地形地貌、气候、水文、土壤、动植物及矿产资源等内容（表 4–1）。

表 4–1　自然状况调研清单

类型	具体内容	资料来源
地理区位	地理位置、经纬度、海陆位置、海拔高度等	国土部门
地形地貌	地形地貌类型与分布、地形坡度、地质灾害、自然景观等	国土部门
气　候	气候类型、太阳辐射、平均气温、有效积温、降水量、无霜期、常见灾害等	气象部门
水　文	河流（湖泊、水库）分布与流量、水资源总量、水质、水文灾害等	水利部门
土　壤	土壤类型与分布、土壤 pH 值、土壤肥力状况、土壤剖面、冻土层	国土部门
动植物	植被类型与分布、植被覆盖率、动物种类与分布、生物多样性、珍稀动植物等	林业部门
矿产资源	资源种类、储量、开采条件、利用情况等	国土部门

2. 社会经济

社会经济条件反映某一区域的社会经济发展水平，为区域农业规划提供经济基础和社会氛围，一般包括总体情况、区位条件、产业发展、人口状况、人民生活、土地利用、历史文化和村镇建设等方面（表 4–2）。

表 4–2　社会经济调研清单

类型	具体内容	资料来源
总体情况	行政区划、生产总值、人均收入、增长率、城镇化水平、发展阶段与水平等	统计部门
区位条件	经济区位、交通区位、城镇区位、文化区位等	综合分析
产业发展	产业布局、各行业产值、产业结构、产业化水平、市场化水平、科技投入、主导产业与优势产业、重大项目等	经济部门
人口状况	总人口、人口及劳动力结构（年龄、性别、教育、民族、职业、技术、城乡等结构）、适龄人口、流动人口、出生率与死亡率等	统计部门
人民生活	可支配收入或纯收入、就业率、社会保障（教育、医疗、养老）、恩格尔系数、基尼系数、幸福与安全指数、生活观念等	民政部门
土地利用	土地总面积、区域内土地类型、面积及其分布、基本农田数量及分析、土地承载力等	国土部门
历史文化	历史沿革、民俗传统、文物古迹、饮食文化、人文宗教、风土民情、土特产等	旅游部门
村镇建设	基础设施建设、公共服务设施建设、居民点分析、村镇体系、村容村貌等	城建部门

3. *农业发展*

农业发展情况调研是在自然和社会经济情况调查基础上，重点开展详查的内容，根据区域农业的内涵，主要包括农业生产、农业经济、农业生态、农田设施、农业经营、农民组织、农业信息、农业机械、农业园区等方面（表 4–3）。

表 4–3　农业发展调研清单

类型	具体内容	资料来源
农业生产	生产率、农业生产构成、农林牧渔业生产情况、涉农产业情况、科技投入等	统计部门、问卷调查、涉农各主管部门
农业经济	内部及涉农各产业产值、涉农企业情况、经济效益、投入产出情况等	
农业生态	农药和化肥使用量、农业污染情况、空气质量、水土保持情况、生态脆弱性等	
农田设施	水利（灌溉）设施、电力、道路、防护设施、地膜使用、设施农业建设情况等	
农业经营	农产品商品率、销售途径、销售半径、市场建设情况等	
农民组织	农民合作组织或专业协会情况、务农农民（年龄、性别、教育）结构、农民培训等	
农业信息	农民获取农业信息情况（方式、途径、内容、障碍等）、农业（农村）信息化水平等	
农业机械	农机总动力、机械化程度（播种、收获、化肥深施、植保）等	
农业园区	园区规模、分布、功能、模式、效益、管理、可持续性等	

三、内业整理

内业主要是相对实地（也称“外业”）调研而言，在室内将外业调查的资料进行整理的一项工作。内业整理一般要完成3个基本任务：一是将收集的资料分门别类、有序存放；二是去伪存真，提取真信息；三是将收集的资料系统化、电子化。随着社会的发展进步，各个涉农主管部门绝大部分都已实现资料、数据的电子化，故此内业整理主要工作是对调研问卷进行整理。

（一）问卷审查

调研问卷回收后，第一步是对调研问卷进行审查，筛选出有效问卷。首先将填写完整的问卷提取出来，然后再通过逻辑检验、计算审核或经验判断等方式将明显存在问题或矛盾的问卷提取出来，根据提取的数量决定这部分问卷是否进一步采用。如果剩余的有效问卷较多，样本数量可以满足调查分析，这部分问题问卷可以暂不考虑统计；如果有效问卷数量不够，可以通过人工修正、补充、附缺省值等方式筛选出更多的有效问卷，或是决定是否需要进行补充调查，以达到问卷调查的需要和标准。

（二）问卷整理

问卷整理一般包括分组和汇总两个阶段。分组就是按照一定标志，把调查的数字资料划分为不同的组成部分，从而反映各组失误的数量特征，考察总体内部各组事物的构成状况，研究总体各个组成部分的相互关系等。分组的方法一般是先选择分组标志，常用的分组标志有质量标志、数量标志、空间标志和时间标志等；然后确定分组界限，包括组数、组距、组限、组中值的确定和计算等工作；最后编制变量数列，即把各标志值（变量值）汇总归入适当的组中。资料分组能深刻揭示社会总体现象内部的结构、现象之间的差异和相互关系，从而为进一步分析研究打下良好的基础。

汇总就是根据社会调查和统计分析的研究目的，把分组后的数据汇集到有关表格中，并进行计算和加总，以集中、系统的形式反映调查对象总体的数量情况。根据研究的不同目的，汇总可以分为总体汇总和分组汇总两种类型。前者是为了了解总体情况和总体发展趋势，可以在对资料未进行分组以前进行；后者是为了了解总体内部的结构和差异，则必须在对资料进行分类与分组后才能进行。

（三）统计分析

将问卷整理的结果，通过计算机软件进行统计图表的制作，以直观、形象地显示统计数据的规律，达到问卷分析的目的。一般常用的计算机软件有 Excel 和 SPSS 等。按照统计图的作用划分，可以将统计图区分为比较图、结构图、动态图、相关图、分配图等；按照统计图的制作形式，可以将统计图区分为柱形图、条形图、饼图、曲线图、网状图、象形图等。

四、规划分析

在资料收集和整理的基础上，借助若干方法的分析和辅助设计，通过综合分析、统筹协调，拟定出适合规划区域实际的、各部门通力合作的区域农业规划方案。规划方案设计是建立在对区域农业发展深入分析和评价基础上的，一般采用的分析方法有 SWOT 分析法、主成分分析法、层次分析法、聚类分析法等。

（一）SWOT 分析法

SWOT 分析法又称为“态势分析法”或“波士顿矩阵”，最早应用于企业发展与管理，后被引入多个学科和领域，是一种能够较客观且准确地分析和研究一个单位现实情况的方法。其基本思想是：在选择产业发展战略之前，综合产业内外部环境的各种要素，分析组织内部存在的优势（Strength）、劣势（Weakness），外部所面临的机会（Opportunity）和威胁（Threat），然后运用系统分析方法，把各种因素相互匹配起来加以分析，按照“依靠内部优势，克服内部劣势，利用外部机会，回避外部威胁”的原则制定出相应的发展战略。

这些分析可以使规划师清楚、全面地认识区域农业发展的综合条件，有利于发挥区域比较优势、克服不足与劣势、抓住发展机会、迎接威胁与挑战，为区域农业全面、协调发展提供科学的分析依据。

（二）主成分分析法

影响区域农业发展的因素和指标众多，大部分指标之间存在一定的关联和重复，相关性较强，如果能从众多指标中归纳出几个能够反映绝大多数指标信息的新指标，就能够降低多因素带来的麻烦和复杂性，为区域农业分析提供便利，主成分分析方法正是解决这一问题的多元统计方法。

主成分分析的主要步骤有：原始数据的标准化处理，构建相关系数矩阵，计算特征值与特征向量，计算主成分贡献率及累计贡献率，计算主成分载荷，主成分的选取与命名，主成分的利用等。

（三）层次分析法

层次分析法将复杂的决策系统层次化，通过逐层比较各种关联因素的重要性来分析、决策，提供定量的依据。它是将一个复杂的多目标决策问题作为一个系统，将目标分解为多个目标或准则，进而分析多个指标的若干层次，通过定性指标模糊量化方法算出层次单排序和总排序，以作为目标、多方案优化决策的系统方法。

运用层次分析法，一般可分为以下步骤：分析系统中各因素间的关系，对同一层次各元素关于上一层次中某一准则的重要性进行两两比较，构造判断矩阵；由判断矩阵计算被比较元素对于该准则的相对权重，并进行一致性检验；计算各层次对于系统的总排序权重，并进行排序，最后得到各方案对于总目标的总排序。该方法应用广泛，它的最大优点就是利用“层次”的分析思路来解决复杂的现实问题，这也为研究区域农业发展的有关问题提供很好的解决途径。

（四）聚类分析法

在研究多个农业样本时，常常需要根据样本之间的相似性，将其划分为多个不同的类别，然后根据某一类别的共性，探讨其发展相关的问题。聚类分析正是将样本或指标进行归类的一种统计方法，它根据样本或指标之间的相似性，计算出衡量样本之间相似程度的度量值，以此为依据，把相似程度大的样本聚为一类，并利用聚类图表示样本之间的亲疏关系。在农业发展相关问题研究中，较常用的分析方法是系统聚类分析方法。

系统聚类分析法在农业功能分类、农业区域划分、县域经济评价等领域的研究中可以发挥很大的作用，多与主成分分析同时使用，为相关部门决策提供参考，较大限度地避免了主观评判存在的弊端。

五、方案设计

在充分规划调研、分析的基础上，按照事先拟定的大纲和设定的内容进行规划方案设计，根据调研分析发现的问题，依据相应的理论和规程，充分预见区域农业发展过程中的制约条件，参考类似地区成功经验，进行相应的规划设计和措施安排。

当然，区域农业的发展主体是农民，目的是促进农民增收和农村社会全面、可持续发展，如果是没有农民参与或是得不到农民支持的规划一定是举步维艰、难以实施的。这就要求规划师在规划设计的整个过程中，要充分考虑农民的意愿，鼓励并组织农民参与规划的设计和实施，这种参与是全程参与，而不是事后的强制参与。全程参与不是全部的参与，可以在恰当的时候，选择合适的代表，采取适合的方式进行，将规划师的理论、技术和农民的经验、意愿结合起来，有选择地听取、采纳农民的意见，采用入户访谈、调查问卷、宣讲会、研讨会等形式，激发农民的积极性，最大限度地照顾广大农民群众的利益。

另外，参与对象不仅仅局限于农民，还包括社会各界，尤其是当地涉农各行业、各领域专家、企业家、资深人士等，他们对当地各方面的发展情况比较了解，对某些问题的认识和看法甚至比规划设计人员更为深刻。因此，在方案设计时，有目的、有意识地汲取他们的意见和建议，显得格外重要。

六、征求意见

区域农业规划是由地方政府组织，规划设计单位起草，社会各界和公众参与的一项系统工程。某种程度上，规划师的设计理念、目标、方案与规划实施的主体，也就是委托方，不可避免地存在一定偏差，这种偏差是正常的、普遍的。这就要求在规划设计初稿结束后，必须征求意见。

组织少数重点征求对象（一般为当地专家和地方涉农部门主管），进行深层次的研讨和交换意见，可采用研讨、函审、答辩、专家会等形式，将规划方案深度评估，把握设计方案主体方向和脉络，为规划的可行性奠定基础。这里要避免“长官意识”为主导，当然领导意见是规划设计重点考虑的，但绝不是唯一的，尤其要杜绝一些业绩工程、以牺牲环境代价求增长的、不顾操作性的思想。根据反馈意见和共识，有针对性地将规划方案进行修改、补充或重新设计。如有必要，可进行多轮征求意见，直至得到大多数征求对象的认可或不存在严重分歧为止。

七、后期工作

（一）规划评估

规划评估一般包括方案评估和实施评估。方案评估是指在规划方案设计完成后，根据一定评价标准，对规划内容、目标、可行性等进行综合评判，目的是及时发现和调整方案中的漏洞和不足，确保规划顺利实施；实施评估是指在规划实施过程中和结束后，根据先前设计蓝图对规划项目完成情况进行评价，目的是监督反馈和总结经验，为后续项目落实和规划调整奠定基础。

评估一般采用专家投票法或专家打分法。通过对规划评估对象深入考察，依据一定的评估标准或指标体系，由多名专家进行打分，根据一定权重，进行综合评判。一般依据综合效益、可持续性、可操作性等原则进行定量和定性相结合的综合评价。

（二）报批定案

规划设计结束后，需要将规划方案向上一级主管部门报批，以得到上级政府或主管部门的审批。重要的是使规划设计更具权威性和得到上级的全面支持，最重要的是审查是否与其他规划方案或上级行政区域规划冲突，为规划实施提供政策保障。

（三）反馈调整

区域农业规划编制完成后，政府部门或规划执行方应认真组织实施，并在实施过程中不断地进行监督、检查与总结，取得反馈信息，并根据实施进程和阶段效果，及时调整实施计划和步骤，以保证规划方案沿着预定目标进行。及时、准确地反馈规划实施过程中出现的新情况、新问题、新信息是非常必要的，反馈的目的是调节，规划设计方案都有一定的弹性，就是为了便于处理不可预见的问题。因此，在规划实施过程中，应建立健全监测和反馈机制，及时调整工作思路和方法，确保规划目标顺利完成。

另外，规划方案一旦通过并备案，就具有一定的约束效力，不能随意更改。但是，在实际操作过程中，会遇到一些无法逾越的问题，还有些规划项目的前瞻性不够，一年即宣告落伍，需要不断地对规划进行调整或修编。去除规划方案设计上的不足，规划本身就是一个循序渐进的过程，需要不断进行实践、规划、再实践、再规划。事实证明，越是经济发展速度快的地区，规划的适用性越强，约束力越大，规划设计积极性也越高，规划调整也越频繁，这是一种良性循环，是人们对发展的探索和实践。

下篇　实践篇

第 5 章　新疆和田地区概况

一、区域范围

和田地区（东经 77°03′45″~85°16′35″，北纬 34°11′21″~39°40′43″）位于新疆维吾尔自治区（全书简称新疆）最南端，南枕昆仑山与西藏自治区相连，北部深入塔克拉玛干沙漠腹地与阿克苏地区阿瓦提县接壤，东部与巴音郭楞蒙古自治州且末县毗连，西南越喀喇昆仑山与克什米尔地区毗邻。和田地区总面积 24.78 万平方公里，约占全疆总面积的 15.1%，其中山地、戈壁沙漠分别占到全疆的 33.3%、63.0%，而绿洲仅占全疆的 3.7%。整个和田地区被沙漠和戈壁分割为 300 多块大小不等的绿洲。

和田地区辖 1 个县级市和 7 个县，分别为和田市、和田县、墨玉县、皮山县、洛浦县、策勒县、于田县、民丰县（表 5-1）。共包含 91 个乡镇，13 个街道办事处，98 个社区，1 384 个行政村，还包括新疆生产建设兵团（全书简称兵团）十四师及其所属奴尔牧场、皮山农场、47 团场及二二四团场。

表 5-1　和田地区行政区划基本状况

地域名称	面积（平方公里）	占全疆面积（%）	占地区面积（%）
和田地区	249 147	15.08	100
和田市	499	0.03	0.20
和田县	40 737	2.46	16.30
墨玉县	26 524	1.54	10.61
皮山县	39 820	2.40	15.93

（续表）

地域名称	面积（平方公里）	占全疆面积（%）	占地区面积（%）
洛浦县	14 287	0. 86	5. 72
策勒县	31 343	1. 89	12. 54
于田县	39 126	2. 36	15. 66
民丰县	57 574	3. 47	23. 04

二、地貌气候

和田地区南部雄伟的昆仑高山成弧形横贯着东西，峰峦重叠，山势险峻。北坡为浅丘低山区，峡谷遍布，南坡则山势转缓。山脉高峰一般海拔为 6 000 米左右，最高达 7 000 米以上。由于气候干燥，山体荒漠高度一般达 3 300 米，个别地段可达 5 000 米，南北坡雪线分别在 6 000 米和 5 500 米以上。在昆仑山与喀喇昆仑山的地理分界处断裂形成林齐塘洼地，孕育着现代盐湖与盐碱沼泽，形成高山湖泊。地貌单元可分为 7 种，分别为：最高山带、高山带、亚高山带、中山带、低山带、山麓倾斜平原、沙漠区。其中，最高山带（海拔 5 200~5 500 米）是现代冰川和永久积雪带，多由坚硬的变质岩、花岗岩等古老岩石组成，山势雄伟；高山带（海拔 4 200~5 200 米）一般为裸地，有大量古代冰川遗迹，倒石堆、坡面雪蚀泥流在各主体山脉的北坡比比皆是；亚高山带（海拔 3 400~4 200 米）有较深厚土层，山峰母岩裸露，岩壁陡峭，山坡有明显的侵蚀切割，山势起伏大，一般坡度 20°~38°；中山带（海拔 3 000~3 400 米）山势起伏较大，山峰明显，但山顶轮廓浑圆具有准平原地貌，覆有很厚的黄土发育形成的草甸草原土类型，分布着辽阔的优良草场，是和田地区重要牧业基地；低山带（海拔 2 200~3 000 米）山势平缓，覆盖土层很厚，堆积着大量昆仑黄土，在河流沿岸阶地上分布着农田，是农牧结合区；山麓倾斜平原（海拔 1 250~2 200 米），海拔 1 700~2 200 米为粗砂及砾石覆盖的戈壁，着生稀疏超旱植被，海拔 1 450~1 700 米为裸露的粗砾戈壁，海拔 1 250~1 450 米为古老绿洲分布区，长期灌溉淤积，土壤不断熟化；沙漠区（海拔 1 250 米以下）北部接塔克拉玛干沙漠腹地，遍布着很多耐旱的植被。

和田地区位于欧亚大陆腹地，帕米尔高原和天山屏障于西、北，西伯利亚的冷空气不易进入；南部绵亘着昆仑山、喀喇昆仑山，阻隔了来自印度洋的暖湿气流，形成了暖温带极端干旱的荒漠气候。主要特点是四季分明，夏季炎热，冬季冷而不寒，春季升温快而不稳定，常有倒春寒发生，多风沙天气，秋季降温快；全年降水稀少，光照充足，热量丰富，无霜期长，昼夜温差大。由于和田地区范围大、面积广，不同地形、地貌条件下，生物、气候差异极大，大致可分为南部山区、绿洲平原区、北部沙漠区 3 种气候类型。其中，南部山区：海拔高度 1 800~3 000 米的前山河谷地带，属于温带或寒温带气候带，全年平均气温 4.7℃，极端最高气温 34℃，极端最低气温-25℃，全年降水量 127.5~201.2 毫米，大于 10℃的活动积温在 3 400℃以下，夏季短促，冬季漫长，部分地区逆温层比较明显，冬季气温比平原区高 1~2℃；而海拔 3 000 米以上的山区属寒带气候，气候寒冷，无四季之分，只有冷暖之别，冷季长于暖季，降水量分布极不均匀，一般年平均降水量 300 毫米左右，0℃以上的生长期有 120~150 天；海拔 5 500 米以上为终年低于 0℃的永久积雪带。绿洲平原区：春季大风多，夏热且干旱，秋凉降温快，雪少冬不寒，属于暖温带，极端干旱的荒漠气候，年平均气温 11.0~12.1℃，年降水量 28.9~47.1 毫米，年蒸发量 2 198~2 790 毫米。北部沙漠区：气候非常干燥，少雨，日照强烈，冷热剧变，风大多沙，是极为典型的大陆荒漠气候区。

三、光能水能

和田是我国光能资源较丰富的地区。太阳总辐射量大，平原区年总辐射量为 577.26~633.27 千焦/平方厘米，仅次于青藏高原，优于同纬度的华北平原及长江中下游地区。太阳总辐射量的分布为：南部山区显著高于北部平原区，平原区因浮尘引起的大气透明度不同，东部大于西部。光能利用的最佳的时间是 6—9 月，光总辐射量达 254.98 千焦/平方厘米，占全年总辐射量的 42.7%。日照时数长，日照百分率大，全年日照达 2 470~3 000 小时，平原区自西向东递增，6—7 月日照时数最多，2 月最少，全地区年平均日照百分率在 58%~60%，最高 84%。光质优越。同品种的果树、蔬菜，果实在本地区着色浓、色艳，品质一般超过原产地。

和田地区各河流主要靠冰雪补给，径流量充沛，山区段落差集中、峡谷深窄，地形优越，水能资源蕴藏量丰富。据测算，和田地区水能理论蕴藏量 360 万千瓦，占全疆的 10.7%，其中大于 5 万千瓦的河流有 5 条，合计为 340.6 万千瓦，占全地区总量的 94.6%，和田地区近期可开发的水能资源为 40 万千瓦，其中可开发量大于1万千瓦的河流有5条，仅玉龙喀什、喀拉喀什河就有36.8万千瓦。和田地区水能点分布多位于山口以上河段，国家已建电站40多座，总装机超过10万千瓦。

四、社会经济

和田地区生产总值（GDP）305.57亿元，其中，第一产业产值为68.66亿元，第二产业产值为54.75亿元，第三产业产值为182.16亿元，三次产业结构比例为22.5：17.9：59.6。和田地区户籍总人口为253.05万人，其中，男性人口128.40万人，女性人口124.65万人；维吾尔族245.36万人，汉族7.20万人，其他民族0.49万人；城镇人口54.86万人，占21.7%，乡村人口198.19万人，占78.3%。按户籍平均人口计算，人均地区生产总值12 094元，其中，城镇居民人均可支配收入28 610元，农村居民人均可支配收入8 088元。

和田地区市场主体总数9.67万户，其中，内资企业1 383户，私营企业1.09万户，农民专业合作社3 237家，个体工商户8.11万户。从业人员125.23万人，其中，乡村从业人员86.33万人，私营个体从业人员23.44万人，非私营单位从业人员15.46万人。

和田地区公共财政预算收入27.95亿元，其中，税收收入完成13.65亿元，非税收入14.30亿元。公共财政预算支出435.17亿元，其中，教育支出增长29.0%，农林水事务支出增长104.9%，一般公共服务支出增长32.2%，医疗卫生和计划生育支出增长6.8%，社会保障和就业支出增长24.5%。

和田地区公路总里程已达到20 324.05公里，其中，高速公路74.01公里，国道644公里，省道523.98公里，专用道路27公里，农村公路19 055.06公里。农村公路乡镇通畅率100%，建制村通畅率99.8%。目前，G3012墨玉至洛浦段高速公路建成通车，结束了和田没有高速公路的历史；G3012叶城至墨玉高速公路（和田境内）顺利推进；G580线和田至康西瓦公路工程进展顺利；G216线民丰至黑石北湖公路建设项目前期工作进展顺利。公路旅客运输量1 911.13万人，旅客周转量13.34亿人公里；公路货物运输量3 937万吨，货物周转量115.43亿吨公里；航班起降10 113架（次），航空旅客吞吐量121.75万人（次）。和田地区接待国内外游客200万人次以上，实现旅游总消费27.50亿元。共有星级饭店13家，其中，四星级饭店1家，三星级饭店12

家。A 级景区 22 家，其中，4A 级景区 1 家，3A 级景区 9 家，2A 级景区 10 家，1A 级景区 2 家。

五、农业状况

和田地区农林牧渔业总产值 128.61 亿元，其中，农业产值 93.11 亿元，林业产值 2.53 亿元，牧业产值 30.45 亿元，渔业产值 0.50 亿元，农林牧渔服务业产值 2.02 亿元。

粮食播种面积 249.76 万亩（1 亩约 667 平方米，全书同），总产量 100.86 万吨，亩均单产 404 千克。其中，小麦播种面积 134.76 万亩，产量达 48.47 万吨，单产为 360 千克/亩；玉米播种面积 103.42 万亩，产量 47.7 万吨，单产 461 千克/亩；水稻播种面积 8.17 万亩，产量 4.18 万吨，单产 512 千克/亩。

棉花面积 12.18 万亩，产量 1.16 万吨，单产 95 千克/亩；油料面积 7.04 万亩，产量 0.82 万吨，单产 1 千克/亩；蔬菜面积 38.29 万亩，产量 67.84 万吨，单产 1 772 千克/亩；瓜果面积 6.53 万亩，产量 13.97 万吨，单产 2 139 千克/亩。

人工造林面积 15.17 万亩，木材采伐量 16 419 立方米。水果总产量 45.91 万吨（其中，红枣产量 20.23 万吨），核桃产量 24.34 万吨。

牲畜存栏 405.94 万头，牲畜出栏 320.97 万头，繁殖成活数 275.23 万头，适龄母畜 288.43 万头，适龄母畜占存栏数的 71.1%，肉类总产量 7.71 万吨，奶类产量 2.98 万吨；家禽存栏 445.81 万只，出栏 694.29 万只，禽肉产量 0.75 万吨，禽蛋产量 2.15 万吨；鱼类产量 2 856 吨。

农业机械总动力 109.76 万千瓦，其中，柴油机动力 92.81 万千瓦，占总动力的 84.6%。拥有大中型拖拉机 2.64 万台，小型拖拉机 0.41 万台，机耕面积 369.46 万亩，机播面积 270.03 万亩，机收面积 163.47 万亩。

有效灌溉面积 548.87 万亩，实际耕地灌溉面积 308.36 万亩，节水灌溉面积 279.26 万亩（其中，高效节水灌溉面积 140.88 万亩）。

农用化肥施用量 18.35 万吨，农用塑料薄膜使用量 0.47 万吨，农药使用量 0.04 万吨。

第6章　案例一：新疆兵团第十四师昆玉市（二二四团）北京现代高新农业示范区发展总体规划

一、总　论

（一）规划背景

2016年是进入“十三五”规划的第一年，也是“十三五”规划的开局之年，更是落实发展新理念、推进农业供给侧结构性改革的重要年份。当前，我国农业已经取得了长足的进步，农业综合生产能力明显增强，农民收入大幅提高，农业科技和物质装备水平迈上新台阶，农村改革和农业对外开放迈出新步伐。这些条件都为“十三五”农业的发展奠定了坚实的基础，同时也使农业、农村进入了重要的战略机遇期。

为了抓住良机，推动农业长效向前迈进，党中央不断加大“三农”工作力度，针对当前的总体态势，着眼未来发展目标，对“十三五”时期的农业农村发展做出了全面部署，提出了新的要求。党的十八届五中全会通过的《中共中央关于制定国民经济和社会发展第十三个五年规划的建议》第七十八章明确指出，增强新疆生产建设兵团综合实力和自我发展能力，加快向南发展，充分发挥维稳戍边功能；并且在第二次中央新疆工作座谈会对新疆社会稳定和长治久安做出了一系列重大部署，出台一系列力度空前的支持举措。

面对中央如此的重视，“十三五”时期是十四师深入贯彻落实第二次中央新疆工作座谈会精神、实施兵团“南进”战略、实现跨越式发展的战略机遇期，是全面贯彻落实中央关于新疆和兵团发展稳定工作的总体部署、履行好维稳戍边使命，维护和田地区社会稳定和长治久安的重要时期，也是十四师全面深化改革开放、奋起第三次创业、实现经济发展方式转变、全面建成小康社会的战略攻坚时期。

昆玉市作为新兴城市，在“十三五”期间，要把其建成和田地区乃至南疆地区经济开发的亮点。借助昆玉建市的契机，大力发展城市郊区农业产业，把农业发展成为一个为昆玉市提供蛋、禽、肉、奶、果、蔬等农副产品，全力保障昆玉市广大市民的生活需求；同时，又要壮大农业优势产业，把更多的优质农产品推向国内市场、走向国际市场。

（二）规划意义

1. 促进兵地融合发展

昆玉市农业产业总体规划依托和田地区乃至外省市的经济辐射和市场需求，开展农业优良品种繁育、高新农业技术推广、工厂化及标准化生产等种植技术，向农民展示新品种、新技术、新成果，从而带来优质、安全、高产效果。同时，又以昆玉市居民为目标市场，使之具有农产品供给、文化传承、生态调节等多种功能。此次的农业规划是兵团与几大知名企业共同作用，采取兵团出政策出资金、企业出资金的形式进行，既有政策引导，也有资金后盾，再加上北京市农林科学院引入现代农业元素，采用先进管理理念高效运作，发挥集聚效应，形成农业科技成果转化的加速器，为农民提供科技示范服务的综合平台，是融农业科技、农业产业化、农业生态于一体的多元化现代农业体系。

2. 落实对口援建任务

北京对口援建和田地区一市三县——和田市、和田县、墨玉县、洛浦县及新疆生产建设兵团第十四师。此次规划将在十四师昆玉市建设北京现代高新农业示范区，这将有利于贯彻落实科学发展观，促进规划区现代农业快速发展，进一步缓解社会矛盾，维护社会稳定，促进民族团结和各民族的共同繁荣，巩固新型民族关系。

3. 辐射带动区域发展

昆玉市农业产业总体规划针对规划区内人少地多、人均耕地面积充足的特点，以优化农业区域布局为重点，集成创新，节约增效，打破行政区域界限，大力培植建设优势产业带和优质农产品生产基地。充分发挥示范区聚集效应，综合信息、技术、人才、成果、资金等多方资源，引导周边区域向该区域集中，吸引更多的劳动力向区域内有序流动，使规划区成为拉动区域经济振兴的增长点和吸纳劳动力就业的动力源，辐射带动项目区及周边区域的协调发展。

4. 实现区域农业的可持续发展

昆玉市农业产业面临着发展与生态保护的双重压力与矛盾，必须以“整体、循环、协调、再生”为原则，突出“生态文化”内涵，采用生态农业模式进行设计和生产，生产有机产品。在提高农业生产水平，拉动经济增长的同时，起到生态农业示范作用，实现经济、社会与生态效益三者的统一。具体在实施方面，不断推广“水资源节约与有效利用、能源节约与综合利用、土地资源节约与合理利用”的集成技术，实现集约节约使用自然资源和生产要素，减少环境污染，保护生态环境，突破资源环境的瓶颈，满足工业化和城镇化的需要，进而实现农业的可持续发展。

5. 加速农业增长方式转变

昆玉市农业产业总体规划以北京市农林科学院为依托，发挥农业科技成果转化孵化器的作用，打造生态型安全农产品的生产基地，从源头把好品种质量关，提高农业生产良种化水平。同时，完善农业标准体系，重视节约和集约利用现有土地，重视资源循环再利用，力争实现“高产、优质、高效、生态、安全”的方针。此外，通过此次规划的建设，企业与农民的利益联结机制得以确立，不仅使企业壮大，更能够提高农民的组织化程度，通过专业化、系列化服务，提高农民参与农业产业化经营的能力。

（三）编制依据

1.《关于加大改革创新力度加快农业现代化建设的若干意见》（中发〔2015〕1号）

2.《农业科技发展规划（2006—2020年）》

3.《全国农业可持续发展规划（2015—2030年）》(农计发〔2015〕145号)

4.《国民经济和社会发展第十三个五年规划纲要（草案）》

5.《全国科技援疆规划（2011—2020年）》

6.《自治区党委、自治区人民政府关于落实发展新理念加快推进农业现代化若干意见》

7.《新疆生产建设兵团国民经济和社会发展第十三个五年规划纲要》

8.《新疆建设兵团第十四师国民经济和社会发展第十三个五年规划纲要》

9.《新疆生产建设兵团第十四师二二四团国民经济和社会发展第十三个五

年规划纲要》

10.《新疆兵团农十四师二二四团城镇总体规划（2010—2030 年）》

11. 规划区提供的其他资料

（四）规划年限

2016 年 8 月至 2026 年 7 月。

（五）规划范围

昆玉市辖区内，共 37 万亩。

二、农业现状发展分析

（一）农业总体现状发展分析

1. 种植业

昆玉市农业生产持续发展，主要农产品产量大幅度增加，特色农业发展迅速，农产品品种日益丰富，满足了人口增加、社会经济发展的需求。

（1）特色林果业　目前，已初步形成以红枣为主，兼顾苹果、核桃、欧李发展的特色林果业，露地种植与现代设施农业相辅种植格局。截至 2015 年，已建成优质红枣生产基地 13.7 万亩，红枣产量由 2010 年 2.89 万吨增加到 2015 年 13.2 万吨，年均增长 69.2%以上，干枣产量 5.5 万吨。红枣品种改良，主推的骏枣品种纯度进一步提高，红枣标准园建设达到 10 万亩。种植过程中，直播建园技术、矮化密植技术、花果管理技术、配方施肥技术、病虫害综合防治技术、修剪技术、飞机防治褐斑病技术等得到广泛应用。

特色林果品种逐步得到丰富，2015 年职工人均增收 8 500 元，并且实现了多元增收。引进了京欧一号、农大钙果等十几个目前国内外最好的欧李品种，建成了 200 亩欧李品种示范园和采穗圃和 1 500 亩欧李标准化示范基地。苹果主栽品种为长富 2 号，实生苗为海棠苗，授粉树为嘎拉，建成苹果主干形结果栽培技术示范园 300 亩，目前种植面积已经达到 5 300 亩。核桃种植面积逐步扩大，已经达到 1.4 万亩。

（2）特色经济作物　根据市场需求，昆玉市积极优化产业结构，果林幼龄期行间间作小麦、玉米。严格按照紫淮山药种植技术规程完成了 1 000 亩紫淮山药种植。引进试种甘肃紫斑牡丹 20 亩，分别为播种育苗、两年苗、五年苗，观察其生长适应性。引进于田玫瑰，共种植 3 个大棚，为调整产业结构探索经验。

充分利用和田地区光热资源优势，大规模实施设施农业工程建设，设施大棚种植面积逐年提高，目前已经形成以设施果树种植为主，设施蔬菜、花卉、育苗等为辅的格局。设施果蔬大棚达 1 000 座，年产各类果蔬 8 000 余吨。主要种植设施葡萄、鲜食枣、桃、西瓜、蔬菜等。

2. 养殖业

昆玉市畜牧养殖业虽然起步晚，规模较小，但是团场周边无大型养殖区，工业少，污染相对较低，有着发展养殖业得天独厚的自然条件。2005 年，团场贯彻落实兵团“1+3”文件政策，为 380 户职工划拨自用地 570 亩用于发展自营（庭院经济）。有效提高自用地与养殖业的经济效益。按照“一连一品、一连一特”的种植模式，培育和选树挂牌庭院经济示范典型 21 户。

兵团畜牧业“十三五”规划要求兵团加快产业结构优化升级，建设高效畜牧养殖夯实农业基础，提高农业综合生产能力，推进现代农业进程。此外，在“十三五”期间招商引资重点方向中生态养殖业独占一筹。依托国家畜禽标准化规模养殖场（小区）建设工程和畜禽标准化养殖示范创建活动，推进标准化畜禽规模养殖场（小区）建设，鼓励有条件的团场实施畜牧业规模化养殖示范基地建设，引导养殖企业向产业集群发展，严格规范防疫管理。

目前畜牧养殖业呈跨越式增长。按照“团场主导、能人牵头、职工入股、自主经营、按股分红”的模式经营管理，分别成立了养猪、养鸡、养羊等 9 个合作社，管理上全部实行“五统一”（即统一养殖品种、饲料供应、饲养技术、动物防疫、产品销售），促进职工多元化增收。截至目前，全团养殖户 10 户，羊存栏 5 000 只、猪 10 000 头、家禽 60 156 只。防疫各类牲畜（禽）75 156 只，牲畜（禽）防疫率达到 100%。养殖业目前存在的问题如下。

（1）产业化水平较低　种养加产业一体化经营推进缓慢，草畜矛盾突出的问题还未得到有效破解。标准化规模养殖发展水平整体不高，现有规模养殖场机械化、自动化、信息化物质装备水平不能适应现代畜牧业发展要求，仍有较大的提升空间。

（2）驱动力不足　现有畜牧龙头企业带动能力有限，现代畜禽种业体系建设滞后，自主育种能力不足，肉羊和家禽生产供种能力严重不足。畜禽疫病预防和控制难度加大，畜禽及畜产品跨区域调运频繁、监管工作难，严重威胁畜牧业稳定发展和公共卫生安全。

（3）制度机制仍需完善　适应现代畜牧业发展的经营体制机制尚未完全形成，自我发展和开拓市场的能力不足，产权、分配制度和内部运行有待进一步规范和完善。

3. 信息化

二二四团是在亘古荒原上新建的第一个现代化新型团场，21.73 万亩的土地全部采用自压式高新节水灌溉技术，是目前全国面积最大、技术设备较为先进的集中、连片、自压式高新节水灌溉区。玉龙镇通信线路已配套至各连队居民点，固定电话普及率达 70%以上，镇内各居民点移动通信信号已完全覆盖，市区移动电话普及率也较高，居民点广播电视普及率 100%。二二四团的规模化生产模式为昆玉市现代农业快速发展打下了良好的基础。昆玉市的建设基础为新疆兵团十四师二二四团，多年来，二二四团党委高度重视信息化建设，从政策和资金上大力扶持农业信息技术研发和应用。其信息化建设已取得了一定的成绩。

（1）信息化基础设施方面　昆玉市通信网络已覆盖团场、连队，已经形成相对完备的广播电视传输网络，团场、连队打电话、看电视难的问题得以切实解决。计算机的使用目前以学龄儿童的家庭教育和娱乐为主，对农业信息服务系统的需求有限。相对而言，智能手机的普及率较高，微信等社交软件被普遍使用。

（2）教育培训方面　目前昆玉市主要培训方式是利用“科技之冬”活动，开展以枣树修剪、病虫害防治、肥水管理等为主要内容的职工专题培训。截至目前，已举办各层次的科技培训 14 期，召开各生产阶段现场会 20 次，培训人员 4 600 人次。

（3）信息平台建设方面　昆玉市已建设了科技信息平台，主要以自建、联建等数据库建库方式，收集、整合、加工信息资源，实现团场政府内部文件材料、数据信息的共享。目前，主要缺少直接服务涉农用户的信息化渠道，涉农用户的农业信息服务平台有待进一步建设与开发。

（4）农产品质量追溯方面　以“昆仑枣业”为代表的龙头企业已经初步建立了农产品质量追溯体系，已覆盖追溯面积 4 000 亩，建成了红枣质量追溯网络信息采集、录入、标识等软硬件系统，实现了以和田玉枣品牌销售的红枣都能通过质量追溯体系查询到生产连队、初级经销商，查询农药、化肥等农业投入品情况，保障了农产品质量安全。

但是，在信息化建设方面仍然存在一定的问题。

（1）信息化基础设施较为薄弱，缺乏统一的规划与部署　整个昆玉市的信息化基础设施条件较为薄弱，多数中小型农业园区在信息化建设方面认识不足，导致企业对信息化软硬件设施的投入较少，信息化基础不够完善。现有的应用系统互相独立，无法互联网互通，也缺少相应的监管与安全防护措施，缺乏对整个昆玉市软硬件基础设施的统一规划与部署。

（2）信息资源的电子化不彻底，信息供给不足　信息数据资源更新不及时，极大地降低了信息服务的有效性；在信息化体系建设方面，已形成了基本的信息化管理服务模式，但服务的规范化、标准化程度较低，配套服务体系建设不足，导致现有农业信息技术的集成应用效果较差。现有网络信息平台仅限团内网政务办公管理使用，信息资源存量偏低；信息资源的开发管理只停留在初级阶段，信息的采集、处理、存贮和传播，多采取传统方式，导致信息利用率低，信息服务效益差。另外，没有直接面向涉农用户的农业信息服务平台，缺少直接服务涉农用户的信息化渠道。

（3）农业教育培训体系不完善，效果差强人意　虽然昆玉市每个连队均设有远程教育站点，但很多站点因缺乏统一管理，无专人进行管理维护，导致站点设备已经存在不同程度的损坏，存在很多连队远程教育站点利用价值不高的现象。目前，昆玉市培训方式仍旧以面授培训为主（包括讲座、讨论、会议等形式），这种方式存在着辐射面小、形式单一、成本高、互动少等缺点。有时农户只能带着问题或植株样本到二二四团部找相应的工作人员来解决，这种方式费时、费力、人工成本大、效率低。同时，过于专业的农业生产问题，有可能得不到有效、专业的解答，依旧会给生产者带来一定的损失。

（4）电子商务初步尝试，线上营销有待开展　以“昆仑枣业”为代表的龙头企业，已开始尝试在利用微信开展“和田玉枣”的在线销售。但是直接在电商平台上销售的“和田玉枣”占比非常非常的小，迫切需要建立专业、分工明确的网络销售团队和线上营销体系，增强产品的线上包装、宣传和广告营销。另外，与电子商务相配套的冷链物流体系也并未建成，物流成本高、损耗大，极大地限制了产品的销量。

（5）农业信息化人才匮乏，团队后备力量不足　管理人员信息化知识更新缓慢，跟不上信息化发展步伐；信息分析、信息技术开发人员严重不足，特别是能够使用双语的信息人员奇缺；基层信息服务人员整体素质不高，人才的匮乏，设备的短缺，应用人员水平的滞后，不利于团场信息化建设。应加大团场计算机水平的培训力度，通过多种渠道提供团场工作人员的计算机应用水平，定期开展计算机远程培训课件点播服务，提升团场人员信息化服务水平。

4. 休闲旅游

新疆生产建设兵团农十四师昆玉市位于塔克拉玛干沙漠南缘，昆仑山北麓，和田河流域西部的沙漠中。鉴于昆玉市本身具有独特的自然和人文景观，发展休闲旅游观光产业也引起了团场领导的高度重视，目前，昆玉市地区投入大量资金建立了全国面积最大、技术设备较为先进的自压式节水灌溉示范区，创建了利用荒漠资源发展特色林果业、建立人工生态环境、大力改善生活环境的新模式，产生了较好的示范效应，并在全国现代农业建设领域产生较大的影响，成为国家级农业旅游示范点。抓住机遇，引进投资，利用多种资源，开发以现代农业展示、规模化特色林果业为主的旅游业，同时结合项目区独特的沙漠生态环境，发掘以沙漠风情文化为主题的生态旅游业，建立相应的展示区、精品园、荒漠生态观光区、沙漠风情主题公园、团史陈列馆等系列旅游景点，打造经济、文化与旅游互融的旅游产业，使之成为团场产业结构调整的必要补充，丰富职工业余文化生活的同时，形成职工多渠道创业、增收的良好局面。

目前，昆玉市已形成精品红枣园、原始生态林、红柳大芸基地、原始地面貌等生态农业旅游示范点可供游客参观，完成团史陈列馆建设，配套相应的防护林、道路林、道路等基础设施建设，初步形成具有地域特色的观光旅游业，每年吸引着 5 万多名游客前来观光旅游和参观考察。

5. SWOT 分析

（1）优势分析

①具有一定品牌知名度：昆玉市紧紧抓住红枣品牌建设和质量安全不放松，强化管理，落实各项技术管理措施，生产的红枣得到了广大消费者认可。昆玉市也先后被国家、兵团授予“全国农牧渔业丰收奖”“国家级出口食品农产品质量安全示范区”等荣誉称号。由昆玉市提供红枣原材料的昆仑山牌“和田玉枣”被国家授予“中国驰名商标”荣誉称号。

②农业产业具有一定规模：昆玉市的龙头企业、农业合作经济组织迅速发展，各类农业经济组织发展到 15 家。以红枣、欧李、核桃等为原料的加工企业 3 家，以红枣、欧李种植、苗木繁育、设施农业种植等的农民专业合作社达到 16 家，“合作组织+农户”的发展模式在团场得到较快发展，农业生产的组织化程度明显提升。

③农业科技推广力度较大：昆玉市围绕红枣种植实施的直播建园技术、矮化密植技术、花果管理技术、配方施肥技术、病虫害综合防治技术、修剪技术、飞机防治褐斑病技术等得到广泛应用；结合设施大棚蔬菜种植实施了防渗透气砂技术、肥水一体自动化控制技术。实施良种工程，完成全团红枣品种改良，主推的骏枣品种纯度进一步提高。职工科技培训得到加强，实施了“科技之冬”和“阳光工程”培训工程，近几年累计培训达5万人次。

④兵团特殊体制优势：兵团来源于“军”、特色为“军”、优势是“军”、作用在“军”。“准军事实体”的属性，为兵团发挥维稳戍边特殊作用提供了制度支撑。兵团是新疆现代农业的领跑者，在长期发展中，逐步形成了产业技术的比较优势和鲜明特色。特别是在农业方面，兵团建立了独具一格的机械化、集约化、大规模现代化农业体系。与此同时，部队执行力强大，为各项工作的部署与落实提供了强有力的保障支撑。

（2）劣势分析

①产业结构单一：昆玉市的农业产业过于单一，“一枣独大”现象过于明显，设施农业、畜牧业规模化效应没有形成，过分依赖红枣产业，造成农业整体抵御风险能力弱。

②农业基础设施薄弱：昆玉市在沙漠中建立团场，虽然经过13年的建设取得巨大成果，但是由于原始基础太差，仍然存在土壤次生盐碱化问题严重，生活用水与农业用水奇缺，无法吸引农业科技人员落户此地，导致科技力量和科研水平落后。

（3）机遇分析

①“一带一路”等国家战略实施的历史契机：中央和地方都在深入实施西部大开发战略和对口帮扶战略。在企业所得税、均衡性转移支付、专项转移支付、中央投资项目、国家“一带一路”建设、兵团南进战略、生态补偿等方面向南疆地区倾斜。随着新一轮对口援疆工作的深入，昆玉市可以充分利用“京津冀一体化”产业转移机会，抢抓安徽合肥、芜湖国家级经济开发区对口援助十四师北京工业园区的机遇，以特色资源为导向，积极招商引资，为昆玉市现代农业的发展提供契机。

②兵地融合的良好时机：依托昆玉市绿色、有机红枣生产基地，做大做强“昆仑山”红枣品牌，发挥龙头企业的示范引领作用，以十四师枣业公司上市为契机，促进昆玉市产业升级，不断挖掘特色农产品的附加值。

③互联网时代的发展动力：紧紧抓住和利用好兵团党委、兵团鼓励“大众

创业、万众创新”的各项政策支持。以积极谋划和实施好昆玉市现代农业科技示范园区和红枣产业园区建设，引领和推动“互联网+”、电子商务、物流服务业等现代服务业发展，不断完善园区基础设施建设，积极开展招商引资，不断壮大二三产业发展，使其成为调整产业结构助推器。

（4）挑战分析

①结构性矛盾突出，农业种植结构单一，农业竞争力不强，服务业发展动力不足。基础设施建设还很薄弱，尤其是水利和土地利用上，脱贫任务艰巨。

②综合经济实力还很弱，经济增长方式粗放，资金短缺的矛盾十分突出。影响农业发展的体制和机制问题还很严重，并且不稳定的因素依然存在，维护稳定的责任重大。

（二）红枣产业发展分析

1. 红枣主产区分布

山东、河北、山西、陕西、新疆、河南是我国红枣主产区，对全国枣的贡献率达 90%以上。其中，山东 27%（冬枣占 50%）左右，河北 26%左右，山西 20%左右，陕西 5%左右，新疆 6%左右（图 6-1），河南 6%左右。

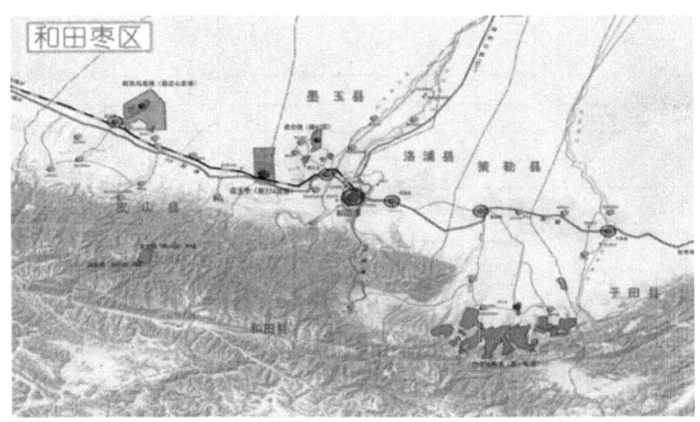

图 6-1　和田红枣主产区分布

2. 红枣种植和产量分析

（1）全国红枣种植和产量分析　近年来，得益于国家农业产业政策的大力扶持、下游产业对枣产品需求持续快速增长以及枣树种植为农民带来的良好的致富效应，我国枣树种植业呈现了快速增长势头。2015 年的种植面积达到 298 万公顷，2010—2015 年的复合增长率为 6.5%（图 6-2）。传统红枣主产区为山东、河北、陕西与河南等地，但新疆地区后来居上，已经成为国内红枣最重要产区，种植面积与产量均居全国首位。

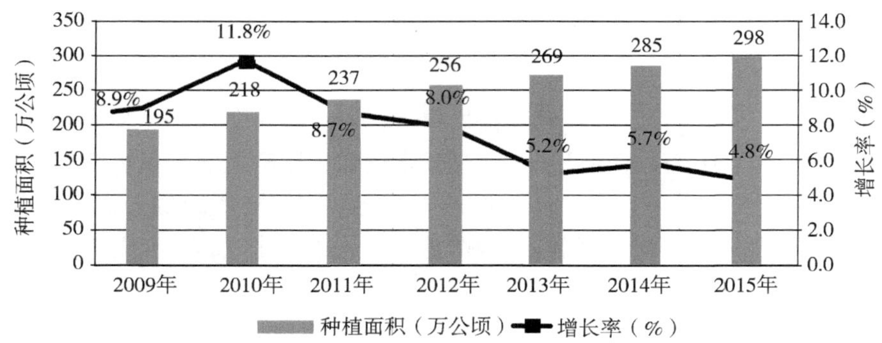

图 6-2　2009—2015 年全国枣树种植面积及年复合增长率

随着新疆地区枣树种植面积的持续增加，全国枣树种植面积的不断增长，同时随着产品结构和种植技术的改良以及病虫害防控手段的不断改进，枣产量保持了高速增长。2009—2015 年，中国原枣产量提升近一倍，2015 年达到 913.5 万吨，2009—2015 年的年复合增长率为 15.4%（图 6-3）。

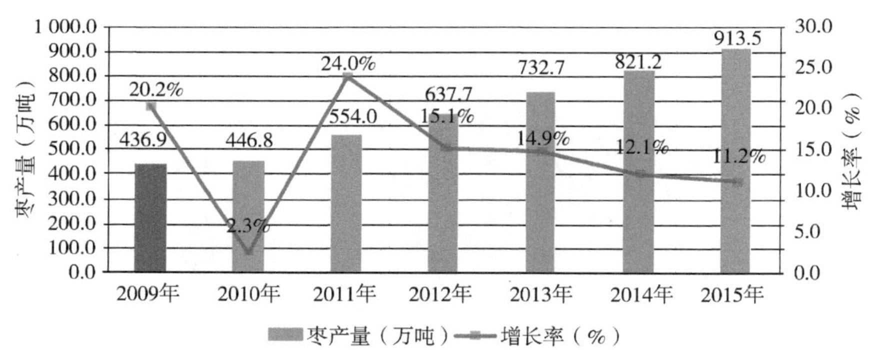

图 6-3　2009—2015 年全国枣产量及年复合增长率

（2）新疆红枣种植和产量分析　2000 年以来，自治区政府大力发展特色林果业，尤其自从 2003 年确立林果业为新疆农业农村经济发展的支柱产业，之后每年都会出台一系列意见措施以扶持林果产业的发展。在自治区政府的大力推进下，新疆林果业，尤其是南疆环塔里木盆地将成为自治区举足轻重的林果发展地区，特色林果业的发展潜力巨大。2011 年，新疆南疆地区林果主产区的农民人均林果创收首次超过千元，比2010年提升1/4以上。尤其林果业起步比较早的地区，当地农民的收入主要来自种植林果。

根据新疆统计局的数据，2015年新疆红枣种植面积达到510 350公顷，2009—2015年期间的年复合增长率为5.1%（图6-4）；2015年新疆红枣产量达到3 633 246吨，2009—2015年期间的年复合增长率为42.1%（图6-5）。

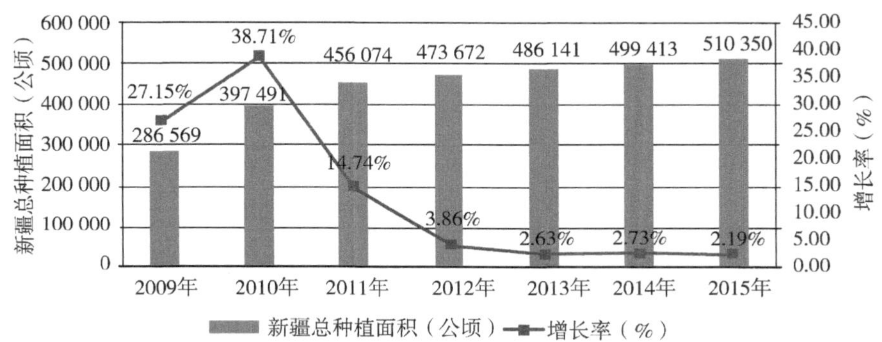

图6-4　2009—2015年新疆红枣种植面积及年复合增长率

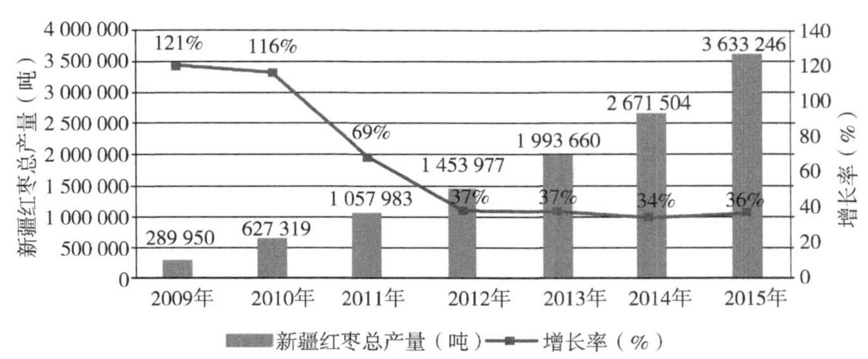

图6-5　2009—2015年新疆红枣产量及年复合增长率

（3）新疆兵团红枣种植和产量分析　近几年来，兵团在南疆地区大力发展红枣产业，逐年扩大红枣种植面积，发展红枣产业已经成为红枣主产区团场经济发展、职工增收的重要支柱产业之一。由于产品供不应求，经济效益非常可观，各团场、职工都自觉地种植红枣，迅速扩大种植面积。

根据新疆统计局的数据，2015年生产建设兵团红枣种植面积达到114 042公顷，2009—2015年的年复合增长率为2.3%（图6-6）；2015年生产建设兵团红枣产量达到 1 715 325 吨，2010—2015 年的年复合增长率为 47.5%（图 6-7），高于新疆平均年复合增长率 42.1%，是新疆红枣产量增长最快的区域。

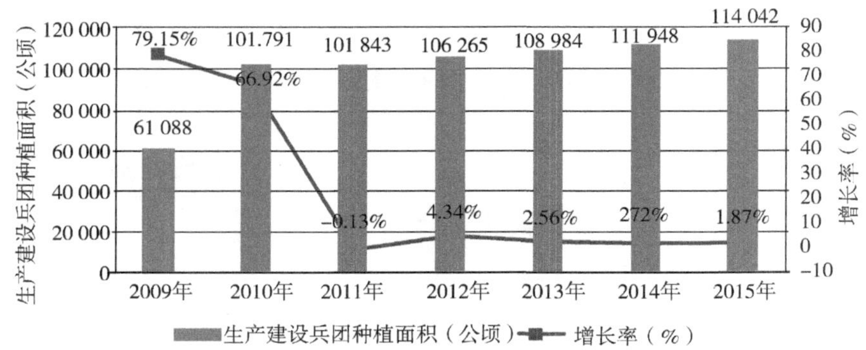

图 6-6　2009—2015 年新疆生产建设兵团红枣种植面积及年复合增长率

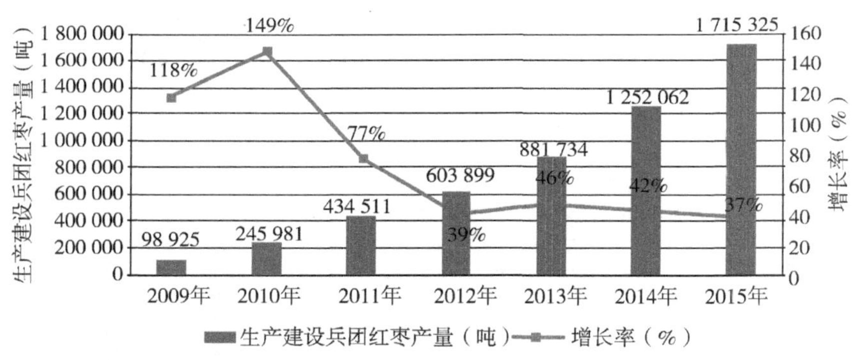

图 6-7　2009—2015 年新疆生产建设兵团红枣产量及年复合增长率

（4）新疆兵团十四师和田垦区红枣种植和产量分析　和南疆相比，兵团十四师和田垦区种植红枣的时间还是比较短的，大规模的种植从 2003 年才开始。和田垦区的皮山农场、二二四团以及四十七团分别位于塔里木盆地的西南面，呈带状分布，红枣是该地区的支柱性产业，大规模的种植于 2003 年自二二四团开始，由河南新郑引进了一批骏枣、灰枣以及赞皇大枣等优良品种，经历了购苗建园向播种建园的转变。

截至 2015 年，兵团第十四师和田垦区红枣种植面积达 16 380 公顷，产量 180 475 吨。其中，二二四团果园面积 9 933 公顷，完成红枣标准园建设 6 667 公顷，红枣挂果面积 8 400 公顷，占和田垦区红枣总面积的 60.6%，产鲜枣

124 100 吨，占总产量的 68.8%；皮山农场红枣种植面积 3 345 公顷，产量 38 370 吨，占总产量的 21.3%；四十七团红枣种植面积 3 102 公顷，鲜枣产量 18 005 吨，占总产的 9.9%（图 6-8）。

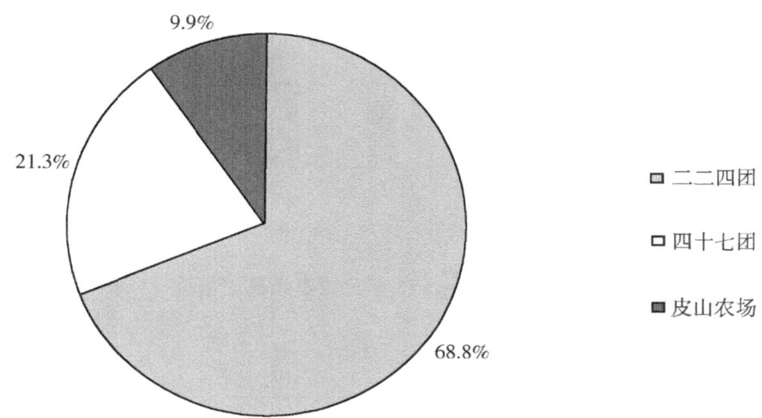

图 6-8　2015 年兵团十四师和田垦区红枣产量占比情况

3. 红枣市场分析

红枣有调节细胞生长与抗衰老的作用，在预防心血管疾病和治疗缺铁性贫血方面也有一定功效，同时红枣能保持皮肤、骨骼、牙齿、毛发健康生长，促进视力和生殖机能良好发展。常食大枣可治疗身体虚弱、神经衰弱、脾胃不和、消化不良、劳伤咳嗽、贫血消瘦，养肝防癌功能尤为突出。

随居民收入水平的提升与对健康生活品质的追求，我国枣产品市场规模近年来稳步提升。2015 年枣产品市场规模达到 534.2 亿元，2009—2015 年复合增长率为 14.2%（图 6-9）。红枣食用历史悠久，且在传统医学里，红枣具有健脾、养胃、补血等多种良好的养生保健功能，随着消费升级和对健康的重视，红枣市场继续快速扩容。

红枣属于大众类休闲食品，但截至 2015 年我国人均枣消费量仅达到 7.23 千克水准（图 6-10），国内消费才刚刚起步，远未达到行业天花板，有巨大的发展潜力。行业未来仍可维持 10%~15%增长，主要考虑一是居民可支配收入持续增长提升对健康食品的需求；二是龙头企业主动宣传提高消费者对红枣认知度；三是红枣深加工产品推出满足不同消费需求。

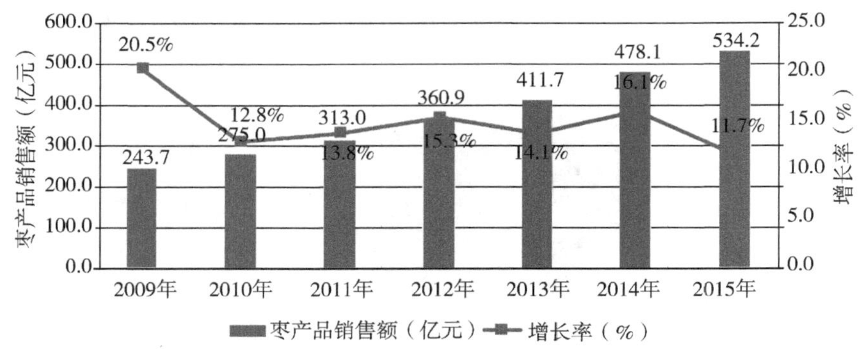

图 6-9　2009—2015 年全国枣产品销售额

图 6-10　2009—2015 年全国人均枣消费量

4. 昆玉市红枣产业 SWOT 分析

（1）优势分析

①种植环境优越：规划区全年干旱少雨，晴天居多，年降水量 35. 0~48. 5 毫米，由于全年少雨，天气干旱，病虫存活率低，所以红枣在成熟时期基本上没有裂果和烂果情况，这也是和田红枣占据的地理位置优势；四季光照充足，热量丰富，年积温较高，无霜期长，光能利用的最佳时间是 6—9 月，全年日照时数 2 470~3 000 小时，使红枣营养积累充分，果实着色好，品质优良；枣树营生长期间需要较高的温度，冬眠时也特别抗寒，而规划区夏天炎热，冬天寒冷，都在枣树对温度需求的范围之内，而昼夜温差较大，这正有利于果肉累积可溶性固形物和糖分；枣树虽然喜欢水，但也极其抗旱，由于规划区常年干

旱，降水量少，所以灌溉枣树大多都是用雪山融水，规划区整体水资源缺乏，发展抗旱枣树是最佳之选，而抗旱枣树的生长条件与规划区的气候相当吻合，该区域种植枣树不仅能充分利用自然资源，还是趋利避害的发展良措。

②产品质量优良：由于特殊的地理位置可以形成天然的光热之源，再加上无霜期长等有利因素，所以规划区所产出的红枣口感好品质佳。红枣生产区无工业污染，绿色生长的红枣堪称优质红枣，有利于大批量生产。同时，规划区全年干旱少雨，晴天居多，病虫较少，无须打农药，枣树灌溉几乎全部引自昆仑山脉冰川雪山融水，这些条件为生产优质红枣提供了有利条件。枣树生长在无污染的碱性土壤中，吸收着充沛的阳光，浇灌着昆仑山雪融水，这些有利条件下造就了个大核小、口感好、皮薄肉多、维生素丰富、营养价值高等优良红枣果品。

③兵团职工执行力强：兵团职工不同于普通农民，兵团职工拥有较高的思想觉悟、较强的意志品质，对于兵团领导下达的指令具有极高的执行力，使上级的命令能迅速转化成为实际行动，具有极高的效率。

（2）劣势分析

①红枣精深加工产品少：虽然规划区的红枣产业现在已经形成一定的规模，红枣的产量和质量不断提高，枣类产品在市场上占了很大的比重，但是由于这个地区缺少精细的加工企业，企业的生产水平有限，90%的红枣还是按“原枣”出售的。另外，规划区由于红枣生产设备陈旧，生产的枣产品比较单一，并且几乎都是最初级的产品，比如枣干和枣泥等，产品仅仅在外面包装上进行了一些简单的修饰，这样生产出的产品层次偏低，附加价值也偏低。

②种植技术有局限：规划区红枣种植户一般文化水平普遍偏低、对新事物的接受能力较弱，学习能力较低，直接影响了红枣种植过程中生产要素的投入和枣园管理技术的推广。由于种植时管理水平和技术水平不统一，使得不同企业的红枣产量、质量以及生产成本都相差很远，最终导致价格高低不同，市场秩序混乱。同时，以户为单位的生产方式实现生产统一标准化的难度系数较大，无公害生产更是难以实现。

③交通运输和物流业制约其快速发展：昆玉市地处西北边陲，深居内陆，远离内地广大消费市场，而红枣产品主要市场在内地，尤其是高档红枣产品的市场更是处于东南沿海，交通运输和物流业的发展对红枣产业的发展至关重要。运距远、费时多、成本高，一方面占用大量流动资金，也减少了低成本竞争优势，加之运量有限，交货期延长，无形之中也增加了交易风险；另一方面

由于尚未形成便利的物流储运网络，也没有与国内大型商超和农副产品批发市场建立稳定通畅的合作关系，兵团红枣产业化发展缺乏有效的市场支撑。

（3）机遇分析

①良好的发展环境：国家实施的西部大开发和中央新疆工作座谈会关于推进新疆和兵团跨越式发展和长治久安的各项部署和安排，为兵团快速发展红枣产业提供了良好的战略机遇。中央新疆工作座谈会提出的尽快提高南疆沙漠周边地区广大农工的收入水平，改善生产生活状况的要求，为南疆各师推进红枣产业化发展提供了实现的可能。

新疆维吾尔自治区和兵团党委均提出了要在南疆大力发展优质特色林果业的要求，并出台了相应的意见，制定发展目标和相应扶持政策，为兵团在南疆推进红枣产业化发展，进一步探索品牌化经营，实现红枣的规模化种植、产业化管理、品牌化经营提供了良好的环境和政策支持。例如，兵团六届四次全委会议确定了加快发展红枣产业的方针，专门召开了兵团南疆农业结构调整工作会议，孔星隆副司令员亲自带团赴上海等地调研考察，出台了《关于加快推进兵团红枣产业发展的意见》，大力支持红枣产业发展。兵团也成立了果业公司，准备统一整合兵团果品的生产、加工、流通和销售，并准备打造上市公司。

②红枣市场空间广阔：红枣在国外没有竞争对手，在国内销售旺盛，枣价持续上涨，对新特优小宗枣果的需求持续上涨，产品供不应求，尤其是具有一定质量级别的高档枣果价格上升很快。新疆的红枣由于糖分高、品质好、口感细腻、制干率高，已经形成了一些知名品牌，尤其是昆玉市的红枣产品一致性好、质量稳定、绿色生产，在国内市场享有盛誉，品牌效应已初现。

（4）挑战分析

①国内红枣行业竞争激烈：山东、河北、山西、陕西、新疆、河南是我国红枣主产区，对全国枣的贡献率达 90%以上。按照贡献率大小排序，新疆红枣贡献率 6%，排在第 4 位（前 3 位分别为山东 27%、河北 26%、山西 20%）。虽说新建红枣，尤其是昆玉市种植的红枣质量上佳，但是缺乏品牌打造，并且百姓对红枣的消费缺乏理性认识，导致规划区的红枣竞争力不高。

②红枣利润逐年降低：随着昆玉市种植的红枣树逐年成熟，红枣的亩产量日趋稳定，在总量不变的情况下，随着单价的不断降低和总成本（尤其是人工成本）的不断提高（图 6-11），红枣的利润不断降低。按照产业经济学投入—产出理论，当产出的利润小于或是等于投入的成本时，就没有继续种植的必要了。

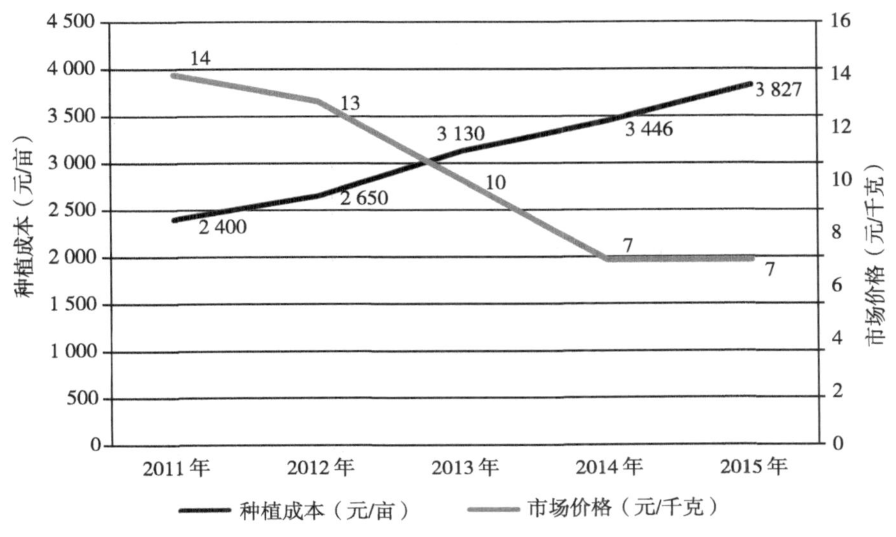

图 6-11　2011—2015 年红枣成本、价格年际变化

5. 昆玉市红枣产业发展思路

针对昆玉市红枣产业具有强大的内部优势，又有众多外部机会的情况，坚持以市场为导向，以效益为中心，以体制机制创新和科技进步为动力，稳定优化现有种植面积和结构、坚持标准化建园、规模化生产、集约化经营、专业化管理、市场化运作、产业化发展为方针，迅速启动实施红枣产业化工程，建立高档制干红枣生产基地，引进培育带动力强、关联度高、精深加工和市场开拓能力强的龙头企业，瞄准国内外红枣消费高端市场，大力发展高产出、高品质、高效益、高端市场的现代化红枣产业，全面提升昆玉市红枣产业的综合生产能力和市场竞争力，用循环经济理念谋划生态特色农业，在规划区内建设红枣产业示范园区，构建规模化基地为基础，行政推动、龙头带动、投入拉动、科技支撑的特色红枣产业化体系，并且与国内大型商超、物流公司合作，实现优势互补，主攻高端市场。

三、指导思想与发展目标

（一）指导思想

深入贯彻党的十八大、十八届三中、四中、五中全会精神和中央农村工作会议精神，全面落实科学发展观和2016年中央一号文件，按照兵团党委六届十五次全委（扩大）会议精神，坚持“创新、协调、绿色、开放、共享”五大发展理念，以加快转变经济发展方式，全面提升农业科技创新能力，示范辐射带动能力和自我发展能力为主线，着力加强农业科技创新和示范推广，围绕昆玉市的总体发展目标，立足当地资源，大力发展设施农业，把保障昆玉市农产品供应作为首要目标，把发展红枣产业作为突出亮点，把促进农民持续快速增收作为中心任务，加强农产品绿色、有机生产、农产品安全质量检测、农产品流通等技术的集成示范，形成农产品生产、流通、检测的技术体系，搭建昆玉市现代农业示范的平台，以科技引领战略、生态保障战略为手段，探索西部地区现代农业生产发展的新模式、新机制，实现传统农业向现代农业的转变，构建农业发展与生态环境良好关系，建立农业内外循环良性互动机制。把昆玉市建设成科技创新、示范推广、产业开发、休闲观光等具有多种功能的环境友好型现代农业样板。

通过昆玉市现代农业总体规划的建设，提高当地农业的经济效益和农产品的市场竞争力，辐射带动和田地区乃至新疆的农业发展，推进农业向“高端、高效、高辐射”方向发展，带动当地农业结构调整，使昆玉市农业产业得到升级，农村经济得到繁荣，实现农业增长方式的根本转变，形成跨越式的发展。

（二）基本原则

1. 兵地融合发展原则

按照科学发展观的要求，通过项目建设和相关政策制定，促进兵地交流，充分发挥自然资源和文化资源的组合优势，通过发展生态农业、绿色农业、有机农业、休闲旅游业等低耗能、低污染、可循环利用的低碳产业，为城市居民提供安全食品、观光休闲等服务。同时，促进兵团进一步增收，产业进一步增加核心竞争力，兵团建设进一步升级。

2. 产业融合与服务引领相结合原则

通过农业生产、加工产业链的优化、延伸以及与休闲旅游产业的互动，形成“以加促产，以产富团；以产促旅，以旅兴农”的双赢互动局面。加强农业产业服务体系建设，通过服务引领，全面提升区域内农业产业发展的支撑保障能力。把服务引领和产业融合结合，充分发挥规划区农业产业发展的窗口示范功能。

3. 突出特色原则

充分研究地方文化，强调个性，通过创意和策划，塑造具有明显差异性的独特旅游形象，准确定位和自身产业相呼应的消费市场。避免盲目追求高档，贪大求洋，甚至“毁农造景”现象的出现。

4. 统筹规划和分期实施原则

根据规划区域发展战略以及自身资源特色、财力状况，统筹制定区域的中长期发展规划以及详细规划，并按照规划目标，确定项目优先发展时序，通过国家扶持、招商引资、以智引智等形式，整合企业资源、社会资源、优秀人才和适用技术，进行滚动开发、分期实施，逐步实现区域的最终发展目标。

（三）发展目标

1. 总体目标

经过 10 年的发展，形成农业主题业态多元、科技服务高效、功能结构优化、组织模式先进、土地调优增值、生态保障有力的发展新格局，建设国家生态低碳科技农业示范体验园区。到 2026 年实现：

（1）形成品牌产业集群　生态高科农业示范与主题项目快速增加，形成新疆知名的系列化体验主打的现代休闲农业产业集群。

（2）收入大幅增加　解决外来劳动力就业，团场职工收入逐步提高。

（3）城市快速扩容　通过规划区的建设，吸引大量外来人口入住昆玉市，使新兴城市达到 5 万人以上规模。

（4）治沙防沙　防护林面积翻一番，加大林果业的种植力度，使规划区生态服务能力大幅提高，成为国家级防沙治沙示范窗口。

2. 具体目标

做强做大以林果、畜牧、蔬菜等为重点的农业产业，全面优化产业布局，调优品种结构，强化科技支撑，健全标准体系，扩大品牌影响，拓宽流通渠道，开发多元功能，转变发展方式，实现全产业链提质增效和转型升级。到规划期末，建成具有国际竞争力的优质林果产业集群；实现畜牧业全产业高效绿色生产；全面提升蔬菜产业供给保障和加工增值能力。把昆玉市农业产业建设成资源有效利用、比较优势充分发挥和可持续发展的现代农业（表 6–1）。

表 6-1　昆玉市重点农业产业规划目标

产业	内容	单位	2015 年	2020 年		2025 年	
				目标值	年均增长	目标值	年均增长
林果	种植面积	万公顷	1.03	1.63	11.7%	2	4.5%
	总产量	万吨	13.2	20	10.3%	25	5.0%
	优质果率	%	85%	90%	1.0%	95%	1.0%
畜牧	肉蛋奶总产量	万吨	0.12	3	480.0%	5	13.3%
	畜禽粪便资源化利用率	%	80%	100%	4.0%	100%	-
设施蔬菜	种植面积	公顷	10	30	40.0%	40	6.7%
	总产量	吨	180	500	35.6%	700	8.0%
旅游	人次	万人	-	1	-	3	40.0%
	收入	万元	-	500	-	2 400	76.0%

四、战略定位与选择

（一）战略定位

1. *发展定位*

立足团场、服务城市、引领新疆、影响全国，努力实现产业功能体系融合、体制机制深化改革、标准品牌集成创新、节能减排低碳环保，推动现代农业高端、高效、高辐射发展。

（1）立足团场　把发展现代农业作为建设区域的战略任务，夯实基础地位，转变发展方式，创新组织模式，大力推进设施、林果、精品、外向、生态、循环、休闲和创意农业产业功能体系融合发展，促进农业增效、职工增收、团场繁荣，提高二二四团居民生活水平和质量。

（2）服务城市　进一步落实兵地融合，提高昆玉市农产品供给和安全保障能力，满足新兴城市建设需要，促进昆玉市“产业、功能、环境价值协同”的安全品牌农产品需求。

（3）引领新疆　继续深化体制机制改革，创建现代农业科学发展先行示范区，大力推进农业金融、科技、信息服务等支撑保障体系创新发展，加大土地资本调配、人力资源配置和基础设施建设等管理机制改革力度，持续增强农业集衮现代要素的能力，高效释放农业经济发展活力，发挥区域核心先导示范作用。

（4）影响全国　依托规划区的区位优势、环境优势和开放优势，对接国内绿色低碳高新技术与发展模式，加强科技创新成果的研发、引进和推广应用，建设国家级水平的生态循环农业合作交流平台和示范展示窗口。

2. 功能定位

根据环境禀赋、产业优势等发展模式的特点，按照建设高标准林果示范区的总体构想以及规划区所处的自然气候环境条件特点，坚持“提升创新能力、促进集聚发展、构建支撑体系”，本规划在以生态环境保护为前提的条件下，具有以下功能。

（1）生产功能　规划区的生产功能是其最基本和主要的功能。在种植方面，以红枣种植为主，以专业化和标准化为方向，通过大面积种植，实现红枣供应的专业化，并在种植中形成一套标准化技术规程；在养殖方面，以养羊为主，实行优良品种筛选，规模化养殖质好、高产、效益高的品种，同时考虑到汉族人饮食习惯，适量发展养猪规模。

（2）教育培训功能　先进的种养技术是当地农业教育与培训发展的新要求。教育培训的对象可以分为两个群体：当地基层干部、团场职工以及在校学生。针对农业基层干部、广大职工开展不同层次、不同形式的管理技能培训、专业技能培训，提高当地农业基层干部、广大职工综合素质，着力培养一大批种植能手、农机操作能手、科技带头人等新型技术人员；针对在校学生，成立科普教育基地，建立稳定的、满足试验教学和中小学生认知的实训基地。

（3）生态保护功能　田地的植被具有自然属性，因而决定了农田生态系统对于改善环境、保护生态具有极大的价值。在适度的集约化程度下，田地的环境生态功能主要表现在对土地和生态环境的保护。规划区建设充分运用可持续发展理念，按照减量化、资源化、再利用理念，推广水资源节约有效利用、土地资源节约与合理利用的集成技术，探索环境与经济协调发展的新模式。

（4）休闲养生功能　规划区不仅可以通过林果生产，满足居民消费的需求，还可以满足周边居民亲近自然、放松心情、陶冶情操、休闲体验、增强认知等方面的需求。规划区生产的绿色、有机果品无污染、安全性好，经常食用可以起到养生保健的作用，因此，规划区可以为游客提供休闲养生的场所和食品，具有休闲养生功能。

（5）科技服务功能　利用各级农业部门出台的扶持政策，挖掘科教机构人脉资源，增强农服中心推广能力，实现“政、产、学、研、用”“五位一体”，将规划区打造成具有示范展示、成果托管、策划营销等功能的国家级生态农业科技服务平台。

3. 总体定位

抓住产业结构转型、农业生产方式转变的机遇，发挥“生态文明”“兵团文化”“红枣产业”三大资源优势，立足和田，辐射全国，以生态、沙漠为载体，以“中华民族大融合”为主脉，以重点项目建设为核心，近期打造集生产、展示、示范、观光、休闲、体验、养生度假于一体的昆玉市农业休闲旅游目的地，中期成为国内著名兵团文化体验地与生态养生度假地，远期建成为能够代表中华民族文化形象的沙漠、绿洲文化旅游目的地，使地方农业产业成为国民经济的战略性支柱产业。最终打造成为国家沙漠生态农业科技示范展示地、中亚边境农牧贸易先导区、西部现代农业展示示范区、建设兵团治沙生态创新区、北京市农林科学院援疆样板。

（二）战略选择（图 6-12）

1. 城乡一体融合

在区域城市化进程中，以“农业园区化和基地化、农村城镇化和功能化、农民职业化和社区化”为重点，促进城乡要素双向流动，推进城乡基础设施共建共管和公共服务均等化，加速转变当地居民居住方式、生产方式和消费方式，构建要素互补、功能多样、环境友好、产业融合的现代农业体系。

2. 科技人才支撑

深入推进农业科技体制改革，建立产学研、农科教紧密结合的科技创新机制，健全农业科技创新推广服务体系，大力培育开发技术、经营、管理等各类人才资源，积极引进国内外涉农科教机构、企业研发总部和高端人才，创建区域性涉农人才科技高地，满足现代农业发展的科技创新需求。

3. 标准品牌提升

持续支持设施农业和红枣农业，集成创新装备和技术标准；重点强化精品农业和外向农业，提升产品标准；大力发展生态农业和循环农业，打造环境标准；积极推进休闲农业和创意农业，完善服务标准；建立健全现代农业全产业链、服务链和科技链相结合的标准体系，提高现代农业的综合竞争力。

4. 旅游休闲驱动

充分发挥规划区沙漠湿地、田园沟域融为一体的生态景观优势，紧密联结现代旅游休闲服务业，加速由产品市场决定的供应农业向产品、服务和消费市场决定的都市型现代农业转型发展，建设国际旅游休闲农业总部基地和创新服务中心，拓展农业对外开放新领域。

5. 生态循环提质

积极开发和引进国际先进的低碳绿色技术和设施装备，大力推进农业生产、流通、消费各领域生态循环经济发展，加强陆地生态环境和动植物保护性开发，有效应对生态资源约束不断加大的挑战，大幅度提高现代农业生态服务价值和综合效益，促进经济社会可持续发展。

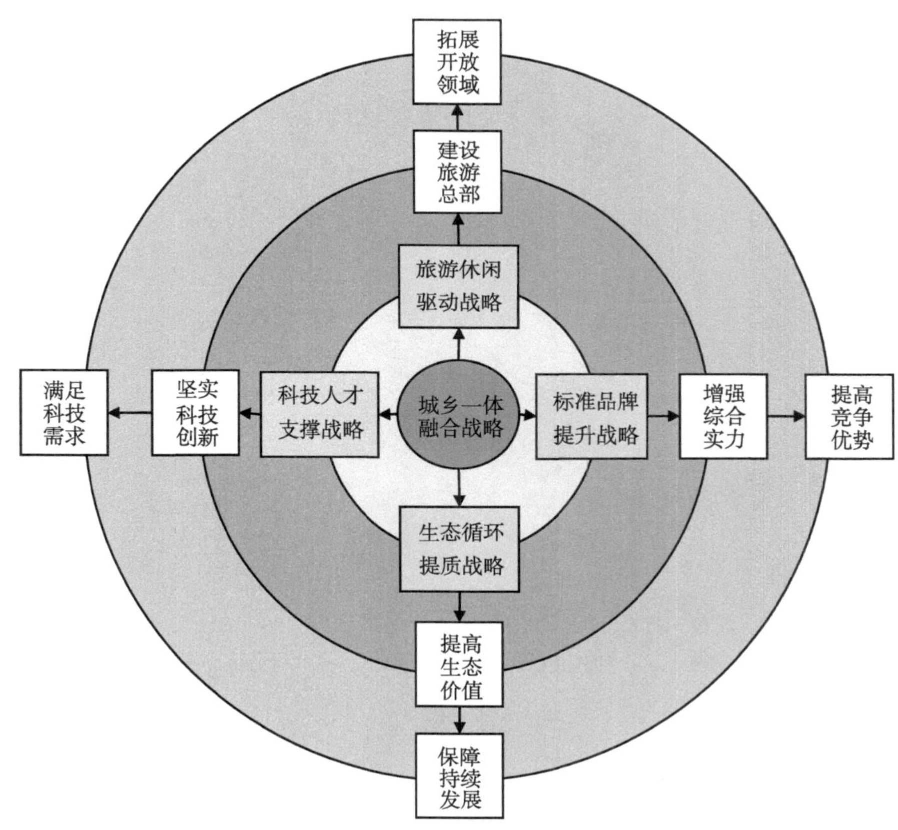

图 6-12　战略构成

五、空间布局

（一）区域空间布局（图 6-13）

围绕生态主题与产业功能体系的建设，充分利用昆玉市的自然条件、生态资源空间、现有交通基础与 11 个连队的位置状况，在规划区范围内，规划了“一城一园三区”的空间布局，实现整体联动布局。

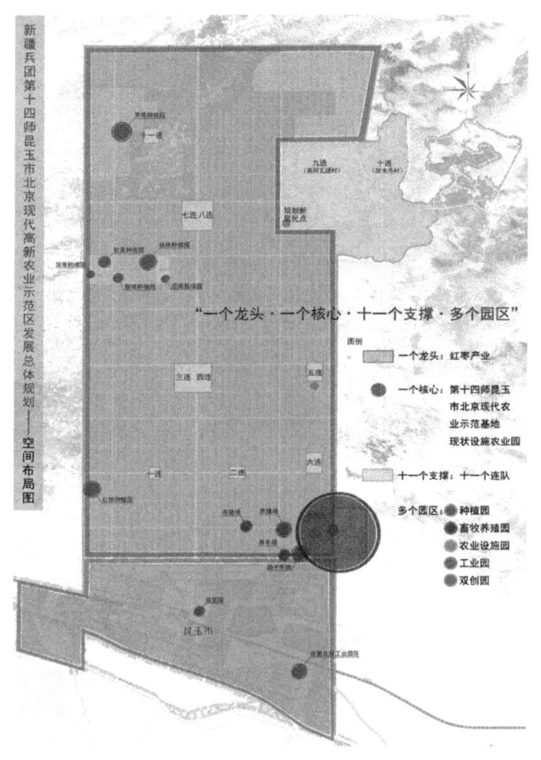

图 6-13　区域空间布局

“一城”：新兴城市昆玉市。未来打造环塔里木产业发展的新兴增长极，重点发展外贸加工、绿色食品加工、生物医药、保税商贸物流、金融服务等产业，建设出口加工、特色保健食品加工和战略新兴产业基地，打造区域商贸物流中心、科教文化中心、医疗卫生中心和金融中心，丝路经济带南线战略新支点地位逐步显现。

“一园”：打造现代农业示范核心，对其优势产业——红枣产业（一个龙头）、二二四团下设 11 个连队——第一至第十一连队（十一个支撑）、规划区内多个示范园区——多个园区，进行统一布局。

“三区”：湿地、森林与沙漠组成的生态旅游区，水库范围内的水源保护区，农业物流加工园区。生态旅游区：在湿地与森林沙漠带之间打造休闲旅游观光区，将沙漠中存在的湿地水源景观充分挖掘，不仅要给游客强烈的视觉冲击，更要为游客提供放松身心的优良场所；水源保护区：在现有水库基础上，建设二期水库，更好地满足规划区人口的增加以及农业用水需求量，为规划区的可持续发展提供最基本的水源保障；农业物流加工园区：满足规划区内农产品的初级包装与深加工处理，加速农产品流通，提升农产品的经济附加值，增加当地居民的农业收入。

（二）农业空间布局

1. “一个龙头”布局

规范优势产业——红枣产业发展，对其产品进行精细加工生产，提高附加值，同时瞄准国内外市场，找准市场定位，拓宽销售渠道，满足多元消费需求。

2. “一个核心”布局

打造新疆第十四师昆玉市北京现代农业示范基地，将北京支援新疆建设发挥极致，打造院地合作有效模式。

3. “十一个支撑”布局

加快推进林果业和特色农业的发展，坚持“一连一品”的发展原则，根据 11 个连队的实际情况，对于原有的 8 个连队发展核桃、苹果、葡萄、玫瑰花、西甜瓜、雪菊、山药、欧李等 8 种林果与特色农产品；后改造或新建的 3 个连队，依据维吾尔族当地居民的长期耕作，农业土地已成良田的现况，推行露地优质蔬菜种植，并加大养殖的推行力度。

4. “多个园区”布局

在规划区内充分发挥现有的农业种养基础，升级改造种植园、畜牧养殖园、农业设施园，提高其投入产出效率；对新开发土地进行合理选址，新建高标准的种植园、畜牧养殖园、农业设施园，集成现代高新农业科技力量，加快现代农业的建设步伐。

六、农业发展规划

（一）种植业

1. 发展思路

基于和田地区自然条件，结合人文条件、地理条件、经济社会发展水平，全面构建现代高新农业示范区特色林果业与蔬菜产业经济、水资源相匹配的粮经周年立体生产体系，构建昆玉市种植业生产的“高效益、真节水、能推广、可持续”发展技术支撑体系，达到生态与经济效益并重，并且特色突出，规模稳定，效益提升，加快和田农业产业结构调整，促进经济作物、口粮和饲料粮均衡发展的目的。

2. 产业定位

以红枣产业为主导，发展多元化种植业，带动设施时令水果、蔬菜发展、特色经济作物、优质牧草等产业发展，加强加工业、贸易和服务，打造示范区种植业的生产功能、试验示范功能、教育培训功能、生态保护功能、劳动就业功能以及供应保障功能，建成国家级干果生产基地和交易中心、南疆时令水果生产和交易中心、昆玉市蔬菜供应中心以及特色作物产业示范区。

（二）养殖业

1. 发展思路

统筹规划示范区养殖业发展全局，改变红枣独大的单一经济结构局面，建设高效生态的规模化养殖体系，推进产业结构调整，提高畜牧业综合生产能力和竞争力。大力发展规模养殖，实行区域化布局、标准化生产、产业化经营，建立设施养殖体系，健全牛羊育肥基地建设、动物防疫、品种改良、畜牧科技推广、畜牧兽医执法和饲草地监理工作，推进现代化养殖产业链条式发展、构建生态循环养殖小区，实现畜牧业数量、质量、效益的同步增长。

2. 产业定位

团场养殖业应突出“生态、科技、创新”的特色，建成立足新疆，辐射周边，集“现代畜牧规模小区、科技创新创业引擎、新型牧民培训中心、循环减排生产基地”于一体的综合型高效养殖业。将引进北京先进品种，例如北京油鸡，同时配套规模化健康养殖技术以及相应循环动物肥沼气工程，完善产业集群，实现高科技、低成本、高产出、高效率的综合目标。并配合园区整体信息化商务，建设品牌以及高效的禽畜产品销售体系。

在市场定位上，产业高端产品主要的销售方向是国内的北京、上海、广州、成都以及国外的中东市场。由于中东地区主要信仰伊斯兰教，风俗和习惯与新疆较为接近，对本区的优质羊需求程度较高，这也为地区畜牧产品进入国际市场奠定一个较好的基础。

在产品定位上，主要在畜禽种业的选育、品种、品质、饲养管理和卫生检验方面制定严格标准，并严格按照标准进行操作，使之符合国际市场的通用标准，提高产品竞争能力，满足市场需求，抢占市场先机。

（三）农业信息化

1. *发展思路*

昆玉市将以综合信息服务辐射周边城镇，成为地区信息化服务新中心，不断加快标准化、规模化养殖业、设施农业产业发展。充分挖掘和发挥二二四团现有的节水灌溉、保温大棚、精准滴灌等信息化成果，在此基础上，以科技农业、设施农业、有机农业、休闲农业为物质载体，立足本地资源，紧扣“京津冀一体化”产业转移及农业科研成果转化，全面推进昆玉市的农业信息化建设。重点建设农业综合服务云平台、现代农业示范区和红枣产业园区。紧密围绕“平台上移，服务下延”的服务宗旨，做好农业信息化顶层设计。

2. *产业定位*

围绕发展现代农业和促进师团统筹的重大需求，面向农业信息化，突出互联网+农业、大数据分析、云计算、精准农业和农业信息服务，面向昆玉市需求开展关键信息技术产品的集成应用示范。以优化配置信息资源为基础，以开发应用信息技术为支撑，以提升信息服务能力为重点，推广农业生产经营的信息化，促进现代农业产业体系的健全发展，着力推动昆玉市涉农领域公共信息服务体系建设，实现团场、连队公共信息服务均等化，营造广大团场职工用得上、用得起、用得好的信息化环境，促使广大团场职工平等参与现代化进程，共享改革开放和科技进步成果，不断提高兵团农业信息化水平，推进现代农业发展。

统筹规划，资源共享。有效整合信息资源，统筹规划信息化建设，避免和减少重复建设，促进互联互通和资源共享，分阶段、分步骤、积极有序地推进信息化建设和发展。中心镇区尽量在现有局所规模上扩容，并按照“大容量、少局所”的原则规划建设。

加强信息化基础设施建设，以网络系统建设为基础，以信息资源开发利用为重点，构建农业综合服务平台，实现昆玉市农业生产过程的自动化、管理方式的网络化、决策支持的智能化。积极推进“三网合一”，大力发展以多媒体通信网、广播电视网和计算机互联网等为主的业务网。实现资源共享，发挥整体优势，提高昆玉市信息化水平。积极推进无线移动通信由 2G 向 3G 移动通信的过渡。发展农产品质量追溯与电子商务，利用网络交流平台、QQ、微信、二维码等实现特色农产品的追溯。加强新型职业农民培训，抓好农业科技人才培养与培训交流，建立一支适应现代农业发展的科技人才队伍，加强农业技术指导和服务工作，加强农业科技创业和就业培训。做好昆玉市的数字科普和信息化宣传，以生态保育、绿化美化为发展原则，保障昆玉市健康永续发展。

（四）休闲旅游

1. 发展思路

构建以高效种植业、休闲农业等现代农业为核心，以生态旅游、创意旅游、科普教育为主题的休闲产业发展体系，用休闲的手法，引导传统产业全面革新；用生态的方式让农业焕发生机，将示范区打造成为丝绸之路上的一个集田园、娱园、农园于一体的文化包容、生态优美、产业健康的美丽新城，使昆玉市成为新疆旅游圈的“后花园”，全国宗教与兵团文化旅游的理想之地。

2. 产业定位

以现代农业升级换代为主线，以休闲农业为经营主体，以农业产业化为核心，强化生态保障功能，坚持景区化发展方向，增强农业体验度，推进园区化管理、景观化表现、公园化经营，促进示范区农业发展与二三产业跨界融合。

在休闲采摘业发展方面，以万亩红枣精品园、百亩设施农业为基础，以农业旅游为核心，以公园化为方向，重点推进生产型园区向休闲体验型园区转变，以乡村民宿、休闲娱乐、生态餐饮和采摘新鲜瓜果蔬菜为休闲体验方式，开发多元化的旅游产品，满足游客多样化需求，打造昆玉市乃至新疆地区独具吸引力、富有特色的农业旅游产业。

在观光旅游业发展方面，以实现生态系统的保护为目标，以创造科学的生态系统和优美的生态景观为主导，以沙漠湿地景观为游览主线，以屯垦文化、丝路文化、穆斯林文化为主题，挖掘本土沙漠文化将文化风情和大漠生态观光旅游完美结合，打造集自然景观、沙漠探险、主题餐饮、生态旅游于一体的农业观光园，展现金色沙海神奇的“沙漠之魅、丝路之魂、生态之秀”，构筑新疆地区户外休闲爱好者的乐园。

在文化旅游发展方面，整合2D/3D科学动画、科学微视频、VR虚拟漫游、数字画册等全媒体数字科普产品，从昆玉市农业的科技、历史、文化等多个维度，全方位、立体化呈现昆玉市得天独厚的特色农业资源，向新疆乃至全国宣传和展示昆玉市现代农业发展新面貌，最终将规划区域打造成为新疆现代化科普示范先导区。

七、工程项目

（一）生态种植示范工程

1. 抗病、优质、高产蔬菜新品种引进与示范

建设目标：通过抗病、优质、高产的蔬菜新品种引进，使本地区的蔬菜品种得到更新，同时提升蔬菜的产量和抗病性，减少农药的使用。

建设内容：重点引进示范茄果类、瓜类、洋葱等蔬菜新品种。

技术方案：①首先根据本地区的环境条件，引进茄果类、瓜类、洋葱等蔬菜新品种，在重点示范区进行试验示范；②根据试验示范效果，组织观摩和交流，提升新品种的认知度；③通过示范带动本地区的蔬菜品种的更新，实现大面积的推广和种植。

建设主体：北京市农林科学院蔬菜研究中心。

投入产出估算：引进的蔬菜新品种价格与原品种差距不大，可显著提升蔬菜的产量，减少病虫害，实现节本增收。

2. 封闭式循环生态槽培无土栽培技术

建设目标：通过引进和推广封闭式循环生态槽培栽培技术，实现蔬菜生产的节水、节肥20%以上，增产15%以上，并且生产过程中不对生态环境产生破坏。同时，可不受土壤条件的限制，扩大蔬菜生产的范围。

建设内容：引进示范封闭式循环生态槽培番茄、黄瓜、甜辣椒无土栽培栽培系统。在日光温室或者连栋温室内，建立槽培系统，进行番茄、黄瓜、甜辣椒的生产，建立适宜本地区的营养液管理模式和栽培管理模式，实现节水节肥、生态环保、节本增收。

技术方案：首先引进封闭式生态槽培无土栽培系统，实现系统的正常运

转。其次，进行番茄、黄瓜、甜辣椒等蔬菜的生产，探索适宜本地区环境的营养液管理模式和栽培管理模式。最后在本地区进行大面积推广示范。

建设主体：北京市农林科学院蔬菜研究中心。

投入产出估算：该系统的每亩建设成本约5万元，设计寿命为10年，后期仅需投入营养液和每年更换珍珠岩，营养液番茄年成本约为6 000元，珍珠岩约350~400元/立方米。系统运行后可实现节水节肥20%以上，增产15%以上，同时不再需要翻地做畦、施肥等繁重的农事劳作，实现了生产的轻简省力化，极大节省了劳动力投入。

3. 安心韭菜栽培系统

建设目标：通过引进和推广安心韭菜无土栽培技术，实现韭菜生产的节水、节肥20%以上，增产25%以上，并且生产过程中不再需要使用农药进行韭蛆的防治，不会对生态环境产生破坏且保证了韭菜产品的安全。同时，可不受土壤条件的限制，扩大蔬菜生产的范围。

建设内容：在日光温室或者连栋温室内建立安心韭菜栽培系统，进行韭菜的生产。建立适宜本地区的安心韭菜的营养液管理模式和环境调控方案。

技术方案：首先引进安心韭菜栽培系统，与土壤栽培进行对比，展示安心韭菜技术解决韭蛆为害的核心技术，并体现安心韭菜技术增产的效果。其次建立本地区环境下的安心韭菜栽培管理技术体系，并进行技术的推广应用。

建设主体：北京市农林科学院蔬菜研究中心。

投入产出估算：该技术共有两种形式，一种是便于观光采摘的架床式和一种在地面的漂浮式。架床式建设成本约为500元/平方米，系统设计寿命10年以上；漂浮式建设成本70~80元/平方米，系统设计寿命5年以上。两种栽培系统后期运行成本都是只有营养液的成本，每年约为5 000元/亩。两种系统可实现节水节肥20%以上，增产25%以上，并且不再需要针对韭蛆进行农药防治。生产中也不再需要除草和施肥打药等农事操作，轻简省力、生态环保。

4. 紫花苜蓿种植与收获加工技术示范

建设目标：10年规划期末，建成优质紫花苜蓿（和田大叶或其他苜蓿品种）饲草生产基地3 000亩，平均干草产量达900千克/亩以上，粗蛋白含量达16%以上，小尾寒羊饲养制度和方式（夏季牧场放牧饲养6个月、冬季舍饲6个月），饲养存栏数可达3万只标羊。

建设内容：紫花苜蓿高效生产基地建设及适时收获与青干草加工调制技术（表6-2）。

技术方案：具体包括选地，种植（整地、施肥、播种、灌水、杂草防除、病虫害防治）、适时收获（收获期、刈割次数、收获机械）、青干草加工调制技术（晾晒、搂草、打捆—打捆机、体积与重量）。

表 6-2　紫花苜蓿种植规模及配套的分期实施方案

规划期	紫花苜蓿种植规模（亩）	新购置配套机械	配套水利工程	青干草储存棚舍（立方米）	饲养羊只数（标羊）
3 年期末	1 000	割草机 2 台件、搂草机 2 台件、打捆机 2 台件	喷灌 500 亩，滴灌 500 亩	1 500 [30 米×10 米×5 米]	10 000
5 年期末	2 000	割草机 2 台件、搂草机 2 台件、打捆机 2 台件	喷灌 1 000 亩，滴灌 1 000 亩	3 000	20 000
10 年期末	3 000	割草机 2 台件、搂草机 2 台件、打捆机 2 台件	喷灌 1 500 亩，滴灌 1 500 亩	4 500	30 000

注：每只羊每天 0.5 千克苜蓿干草，冬季舍饲饲喂期 6 个月，全年平均苜蓿干草产量 900 千克/亩以上。

平整土地：机械翻耕、杂物清除、耙磨平整，翻耕前施入熟化好的有机肥 1.5 吨/亩，或氮磷钾复合肥 15 千克/亩作底肥。

播种：春季或夏季播种均可。播前镇压，或灌水浇透水 1 次，以利于播种。根据条件，可选择专用播种机实施机械条播，播种量 2 千克/亩，行距 15 厘米，或 20 厘米，控制播深约 1~2 厘米；也可选择人工撒播，播种量 2.2 千克/亩左右，撒播后人工用丁字耙轻耙地。

灌水：不论条播还是撒播，播后及时灌溉透水（喷灌 50 立方米/亩以上或正常滴灌），特别是喷灌地，因蒸发量大，需 3~5 天喷灌 1 次，每次浇透土层 5~10 厘米即可。采用喷灌，虽蒸发量大，相对耗水，但可保证苜蓿生长发育对水的正常需求。具体喷灌建造及布局如图 6-14（喷射半径为 10 米）。

越冬、返青及每次刈割收获后，均应及时灌透水 1 次，50 立方米/次以上，以满足苜蓿生长越冬返青、正常生长发育的水分需求。

适时收获（收获期、刈割次数、收获机械）：当年春季或夏季播种，当年可收割利用 1~2 茬次，于第二年返青后苜蓿初花期刈割第一茬，正常水肥管理条件下，全年可刈割收获 4 次，年平均干草产量达 900 千克/亩以上。喷灌苜蓿地可采用拖拉机悬挂式割草机（收割宽幅 1.5~2.0 米，拖拉机配套动力 28~45、50~75 马力，图 6-15、图 6-16）刈割收获，收获及时，干草营养损失小，生产效率大幅提高。

施肥：种植第一年，每次刈割收获后应追施氮肥，如尿素，施肥量 15 千

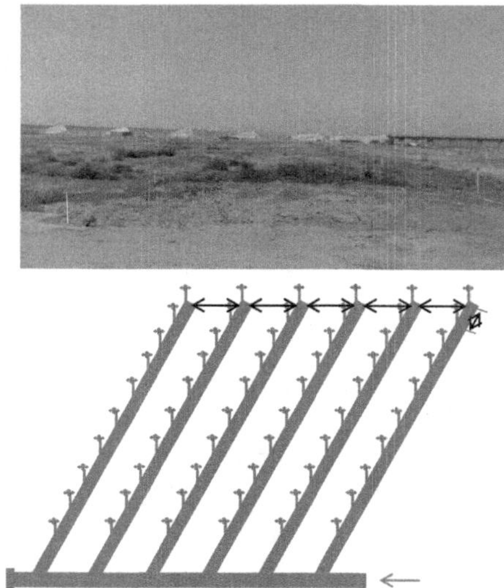

图 6-14　喷灌设施（上）及布置示意（下）（为地面直管与喷头）

图 6-15　拖拉机悬挂式苜蓿割草机

图 6-16　50 马力轮式拖拉机

克/亩。从第二年始，返青后、越冬前、每次刈割收获后应追施氮磷钾复合肥，施肥量 15 千克/亩，或磷钾肥，如过磷酸钙 15 千克/亩。

青干草加工调制技术：收割后的苜蓿在草地上晾晒 1~3 天后，用指盘式搂草机（搂草宽幅<6 米，牵引动力>30 马力，见图 6-17）搂草成行，待苜蓿草的自然含水量达 20%左右时，用捡拾打捆机（捡拾宽度 1.55~1.95 米，每天可捡拾打捆 120 亩，见图 6-18）压缩打捆，草捆重达 30~45 千克/捆。将苜蓿草捆拉至建好的苜蓿干草储存棚舍存贮，备饲喂绵羊用。

图 6-17　指盘式搂草机

图 6-18　捡拾打捆机

建设地点：农十四师所辖农田耕地。

建设主体：农十四师二二四团农业科。

建设期限：10 年，分为 3 年、5 年和 10 年 3 个规划实施期。

投入产出估算：3 年规划期末，建成 1 000 亩紫花苜蓿高效生产田，并配备有相应的水肥管理、收获加工机械和草料储备车间，平均年投入资金 98.33 万元，3 年期末可饲养存栏小尾寒羊 1 万只，实际可产生经济效益（产值）1 035 万元（表 6-3）。

表 6-3　3 年期末 1 000 亩紫花苜蓿生产的投入产出估算

序号	投入项			产出项		
	项目	数量	成本	项目	数量	产值
1	割草机	2 台件	1.5 万元/3 年 = 0.5 万元	紫花苜蓿优质干草	900 吨	135 万元
2	搂草机	2 台件	1.6 万元/3 年 = 0.53 万元	饲养羊只数	1 万只标羊	900 万元
3	打捆机	2 台件	12 万元/3 年=4 万元			
4	50 马力拖拉机	2 台件	10 万元/5 年=2 万元			
5	新建的干草储存棚舍	1 处，1 500 立方米	10 万元/10 年=1 万元			
6	苜蓿草种	2 000 千克	10 万元/5 年=2 万元			
7	喷灌成本费	500 亩（苜蓿）	250 万元/10 年 = 25 万元			
8	滴灌成本费	500 亩（苜蓿）	25 万元			
9	刈割、搂草、干草打捆、运输成本	900 吨	15 万元			
10	肥料成本（尿素和氮磷钾复合肥）	1 000 亩，90 千克/亩	10.8 万元			
11	水费	500 立方米/亩	12.5 万元			
合计		98.33 万元			1 035 万元	

注：紫花苜蓿干草单价 1 500 元/吨，小尾寒羊单价 900 元/只标羊。和田大叶苜蓿草种单价 50 元/千克。喷灌成本投入 5 000 元/亩，至少可利用 10 年；滴灌（地上管网及水费）成本投入 500 元/亩，每年投入 1 次。水费 0.25 元/立方米，500 立方米/亩，刈割、搂草、草捆制作运输费 150 元/亩。尿素或过磷酸钙市场价 1 200 元/吨。

5. 青贮玉米种植与收获加工技术示范

建设目标：10 年规划期末，建成优质青贮玉米（正大 16 玉米品种或引进京科系列玉米品种）生产基地 5 000 亩，全株青贮玉米饲料产量达 5 吨/亩以上，粗蛋白含量 4%以上，小尾寒羊饲养制度和方式（夏季牧场放牧饲养 6 个月、冬季舍饲 6 个月），饲养存栏数可达 3 万只标羊。

建设内容：青贮玉米生产基地建设及青贮饲料加工调制技术（表 6-4）。

技术方案：主要包括青贮玉米品种选择、种植（整地、施肥、播种、灌水、杂草防除、病虫害防治）、全株青贮玉米饲料加工调制技术（裹包青贮：乳酸菌剂、裹包机械）。

表 6-4　全株青贮玉米种植规模及配套的分期实施方案

规划期	青贮玉米种植规模（亩）	新购置配套机械	配套水利工程	饲养羊只数（标羊）
3 年期末	2 000	青贮玉米收割机 1 台件、进口青贮灌装机 RT5000 型 1 台件	滴灌 2 000 亩	10 000
5 年期末	4 000	青贮玉米收获机械 1 台件	滴灌 4 000 亩	20 000
10 年期末	5 000	青贮玉米收获机械 1 台件	滴灌 5 000 亩	30 000

注：每只羊每天 3.5 千克全株青贮玉米饲料，冬季舍饲饲喂期 6 个月，全年青贮玉米饲草产量 5 吨/亩以上。

平整土地：机械翻耕、杂物清除、耙磨平整，翻耕前施入熟化好的有机肥 1.5 吨/亩或氮磷钾复合肥 15 千克/亩作底肥。

播种：春季或夏季播种均可。播前镇压，或灌水浇透水 1 次，以利于播种。根据条件，可选择专用玉米播种机实施机械条播，播种量 4 千克/亩，行距 15 厘米，或 20 厘米，控制播深 2~3 厘米。

灌水：播后及时灌溉透水（滴灌 50 立方米/亩以上，或正常滴灌），3~5 天喷灌 1 次，每次浇透土层 5~10 厘米即可，直至出苗。

施肥：需追施氮肥，如尿素，或追施氮磷钾复合肥，施肥量 30 千克/（亩·次）。

全株青贮玉米饲料加工调制：于青贮玉米蜡熟期，利用专用青贮玉米收割机（每天可收割 150~200 亩，价格 46.8 万元/台，见图 6-19）刈割收获，直接收割粉碎拉回至场院，并采用德国原装进口的青贮灌装机 RT5000 型（每小时可灌装青贮玉米饲料 50 吨，价格 62 万元/台，见图 6-20、图 6-21）将粉碎好的青贮玉米灌装在直径约 1.65 米的特制大型塑料袋，作业效率为 50 吨/小时，灌装好的青贮玉米紧实度为 700~800 千克/立方米，可直接露天存放，存放于地面硬化、相对地势高燥处，远离热源，防止阳光直晒。30~45 天后即可开袋饲喂。

图 6-19　美迪牌青贮玉米收割机（2900A 型自走式）

图 6-20　德国原装进口青贮灌装机

建设地点：农十四师所辖农田耕地。

建设主体：农十四师二二四团农业科。

建设期限：10 年，分为 3 年、5 年和 10 年 3 个规划实施期。

投入产出估算：3 年规划期末，建成 2 000 亩青贮玉米高效生产田，并配

图 6–21　青贮玉米灌装实施现场

备有相应的水肥管理、收获与全株青贮玉米饲料加工机械，平均年投入资金 190.46 万元，3 年期末可饲养存栏小尾寒羊 1 万只，实际可产生经济效益 300 万元（表 6–5）。

表 6–5　3 年期末 2 000 亩青贮玉米生产的投入产出估算表

序号	投入项			产出项		
	项目	数量	成本	项目	数量	产值
1	青贮玉米收割机	1 台件	46.8 万元/5 年 =9.36 万元	青贮玉米饲料	10 000 吨	300 万元
2	青贮玉米饲料进口灌装机	1 台件	62 万元/5 年 = 12.4 万元	饲养羊只数	1 万只标羊	900 万元
3	青贮玉米种	8 000 千克	24 万元			
4	滴灌（地上管网与水费）成本	2 000 亩	100 万元			
5	刈割、青贮料灌装制作成本	收割 60 元/亩；灌装膜成本 75/亩（5 吨/亩计算）	135 元/亩 × 2 000 亩 = 27 万元			
6	青贮玉米收获后运输费	2 000 亩	60 元/亩 × 2 000 亩 = 12 万元			
7	铲车	1 台件	10.5 万元/5 年 =2.1 万元			

（续表）

序号	投入项			产出项		
	项目	数量	成本	项目	数量	产值
8	肥料成本（尿素和氮磷钾复合肥）	1 000 亩，（30 千克/亩）	3.6 万元			
合计		190.46 万元		300 万元（羊只产值已计算过，此处不计在内）		

注：小尾寒羊单价 900 元/只标羊。青贮玉米种子单价 30 元/千克。滴灌（地上管网和水）成本投入 500 元/亩，每年投入 1 次。水费 0.25 元/立方米，500 立方米/亩，青贮玉米收获后运输费 60 元/亩。尿素或过磷酸钙市场价 1 200 元/吨。青贮玉米饲料销售价 0.3 元/千克。

6. 耐阴抗旱小麦新品种筛选与林下高效种植模式示范

项目总投资：500 万元。

建设周期：2015—2020 年。

项目建设内容：项目围绕兵团和地方农林经济发展重大需求，开展十四师二二四团苹果树下、和田地区核桃树下耐阴抗旱小麦新品种筛选，为破解南疆林下粮食作物产量低、效益不高这一难题提供科技支持和技术储备。通过项目实施，确定科学、准确、简便、可操作的林果下耐阴抗旱型和耐阴水分高效利用型小麦品种鉴定筛选指标 5~8 项，形成林下筛选小麦耐阴抗旱型及水分高效利用型品种技术操作规范 1 套；建立林下耐阴抗旱小麦品种鉴选基地 1 个；筛选出适合十四师二二四团及和田地区生产需求的熟期适宜、适应性强、抗旱性突出、丰产性好的小麦新品种 2~3 个，在五年生核桃树、中等干旱条件下，产量较当地对照品种提高 10%以上；研究形成核桃树下小麦耐阴抗旱高产高效关键技术 1 套，综合和田林下周年粮食作物种植模式的水生态效益、经济效益和社会效益分析，形成南疆林下小麦—玉米高产高效周年种植模式，并建立林下冬小麦高产高效种植模式核心展示范区 500 亩，建立小麦林下高效种植模式示范区 5 000 亩，在十四师、和田地区等示范辐射推广 10 万亩，比当地品种增产 10%以上。发放农民技术资料 3 000 份，农民轮流培训 500 人次。

预期目标：项目实施可为全面构建和田地区与核桃产业经济、水资源相匹配的粮经周年立体生产体系，实现和田农业生产的“高效益、真节水、能推广、可持续”发展提高技术支撑，并有利于加快和田农业产业结构调整，促进经济作物、口粮和饲料粮的均衡发展。

7. 主要果树优质苗木繁育基地建设项目

建设目标：围绕本地区主导产业对苗木的特殊需求，解决外地苗木不适宜的问题，解决本区域果树建园苗木成活率低、整齐度差、结果晚、见效慢和成本高等关键问题。为十四师、和田地区、阿克苏和喀什地区等提供优质种苗。建立主要枣、核桃、苹果、樱桃、桃等果树优良新品种和矮化砧木育苗基地2 000亩，年产苗木500万株。

建设内容：建立苗木繁育基地基础设施，土壤有机质改良圃地2 000亩，铺设地下自流灌溉主干管道，建成以葡萄、苹果、樱桃、桃、草莓、枣、核桃等主要果树新品种采穗圃共200亩，苗木繁育圃共1 200亩，轮作区600亩，年产苗木500万株。

技术方案：

（1）引进适宜当地发展的果树优良新品种和矮化砧木。

（2）对现有的土壤进行改良　首先对土地进行平整治理，然后增施有机肥3~5吨/亩。

（3）增设灌溉条件等　采用喷灌或滴灌的节水措施。

建设地点：设施农业园区北邻。

建设主体：二二四团安排。

建设期限：2016—2018年。

投入产出估算：

投入：土地有机质改良每亩投入4 000元，滴灌管道投入每亩2 200元，苗圃管理期3年，管理期费用每亩18 000元/亩，每亩投资小计2.42万元，2 000亩共需投资4 840万元。

产出：建设期无产出，建成后3年共出苗木1 500万株，每株25元，共产出3.75亿元。

8. 果树优良新品种引进和现代高效栽培模式建设项目

建设目标：引进适宜当地种植、并具有产业发展前景的果树优良新品种，并采用现代栽培方式种植，解决产业单一问题。

建设内容：梨（玉露香、西洋梨）1万亩、桃（油桃、普通桃等）1万亩、矮砧苹果1万亩、樱桃5 000亩、杏和李5 000亩、核桃5 000亩。

技术方案：

（1）梨　栽植面积1万亩，其中白梨系统（玉露香）6 000亩，品种3~5个；矮化自根砧西洋梨4 000亩，矮化砧木2~3个，品种4~5个。白梨系统的栽植株行距2米×（4~5）米；矮化自根砧西洋梨栽植株行距1.0米×（3.5~4.0）米。

（2）樱桃　采用矮化自根砧现代高产栽培模式，引进欧美硬肉品种和矮化砧木10~15个，早熟、中熟、晚熟比例为5：3：2。建园株距0.75~1.25米，行距4米。主要示范的技术内容：①樱桃新品种5~10个；②密植高效省力化栽培技术。

（3）苹果　采用矮化中间砧或自根砧栽植模式，以品质优、抗逆性强为主；引进欧美矮化砧木2~3个，苹果优良新品种5~8个；早熟、中熟、晚熟比例为2：3：5。建园株距0.75~1.25米，行距4米。基砧采用新疆野苹果、楸子等抗寒、抗旱、抗盐、抗盐碱野生实生砧木，嫁接美国G系列砧木；在有灌溉地区适当试栽矮化自根砧苗木。建园建议株行距1.0米×4米。品种采用早熟DEVID嘎啦、秋映和红舞；中熟品种以维纳斯黄金、金粉、静香、蜜脆等，晚熟品种以富士系为主等。示范的技术内容：①新品种展示5~10个；②矮化集约省力化机械化栽培技术。

（4）桃　采用乔砧栽培方式，建园株行距（2~3）米×（4~5）米。品种采用早熟、中熟、晚熟比例为7：2：1。栽植时设立滴管系统，采用主干形栽培方式。主要示范的技术内容：①桃和油桃新品种5~10个；②密植高效省力化栽培技术。

建设地点：设施农业园区北邻。

建设主体：二二四团安排。

建设期限：2016—2020年。

投入产出估算：

投入：每亩果园投入平均按照1.4万元/亩，5 000亩累计投入7 000万元。

产出：建园期间前3年产出为0，第四、第五年可收回建园投入。

（5）李、杏、核桃　各5 000亩。采用乔砧栽培方式，建园株行距（2~3）米×（4~5）米。品种采用早熟、中熟、晚熟比例为7：2：1。栽植时设立滴管系统，采用主干形栽培方式。主要示范的技术内容：①新品种5~10个；②密植高效省力化栽培技术。

建设地点：设施农业园区北邻。

建设主体：二二四团安排。

建设期限：2016—2020年。

投入产出估算：

投入：每亩果园投入平均按照1.4万元/亩，5 000亩累计投入7 000万元。

产出：建园期间前3年产出为0，第四、第五年可收回建园投入。

9. 特色经济作物种植示范项目

建设目标：立足北京市农林科学院平台，以“特”为导向，发展适合本地气候、水土和环境的特色资源，充分发挥特色技术优势，立足于发展特色农业产业，展示示范特色经济作物，以点带面，逐步推广，从而拉动地区经济飞速发展，从根本上解决农民脱贫致富的问题，以期把二二四团打造成南疆地区乃至整个新疆地区的特色农业产业示范区。

建设内容：特色经济作物（食用百合、贝母、黑枸杞、火龙果和木瓜）的种植示范。

技术方案：展示材料包括食用百合、贝母、黑枸杞、火龙果和木瓜，其中，火龙果和木瓜以南国北种为特色在设施温室中展示；食用百合、贝母和黑枸杞主要在露地展示，食用百合和贝母建立设施繁球体系，冬季进行设施百合展示。

（1）不同立地条件下食用百合的展示与评价　食用百合分别于林果间作、露地百合花海、冬季设施栽培 3 种不同的方式进行展示，同时进行高效栽培技术的示范。

（2）贝母露地栽培示范展示。

（3）黑枸杞的栽培示范展示。

（4）火龙果和木瓜的南国北种示范展示。

食用百合和贝母的种植方案与技术流程

土壤处理，一般在开春解冻之后即可种植，耕地前每亩撒施高氮复合肥 25 千克，过磷酸钙 25 千克，用于改良土壤的酸碱度。

成畦种植，畦宽一般 1~1.2 米，开沟种植，株距 15~18 厘米，行距 25 厘米，种球顶端覆土 5~6 厘米，种完后将土整平，（可覆膜，减少水分蒸发）之后浇水，在浇完水没完全干之前，打一遍除草剂进行封地。

追肥，在株高 10 厘米左右，追施一次高氮复合肥，20 千克。

打顶，当需要增加产量，在花蕾刚现蕾时打顶。

食用百合一般在每年 10 月底可以收获种球，如当年不收，应施肥培土，冬季干旱地区应浇越冬水肥，第二年春应加强水肥管理。畦种百合冲施肥效果较好。但贝母采收需要 2~3 年。

黑枸杞种植

定植。为方便机械操作，一般建议定植密度为行株距 2 米×1 米，在 4 月上中旬开始定植。定植穴深 30 厘米，直径 30 厘米。

4 月中旬施入尿素每株 100～150 克，6 月上旬施入氮、磷复合肥 150～200 克，7 月中旬施入氮、磷复合肥 150～200 克。方法为于树冠外缘开沟 0～5 厘米深，沟长 30 厘米，将定量的化肥施入沟内，与土拌匀后封沟灌水。

秋施基肥于 9 月下旬至 10 月上旬进行，基肥以油渣、羊粪或大粪为主，同时兼施牛马猪粪、炕土及氮磷复合肥等，在冬灌前施入。可在树冠外缘的行、株间，两边各挖一条深 20～30 厘米的长方形或月牙形小沟施肥，每株施入饼肥 2～5 千克，羊粪 5～15 千克，二铵 150 克，混合与土拌匀后封坑。

既要勤灌、浅灌，保持园土湿润，又要防止大水漫灌造成积水。全年灌水 8～10 次。一般 4 月下旬灌头水，7～10 天后灌 2 次水，以后每隔 15 天灌 1 次。8 月中下旬开始控水，确保其安全越冬。

整形。幼龄树主要以整形为主，结合进行树冠枝条的选留和部分结果枝的更新。整形是通过剪截培养丰产树型。整形方法：定植后，当年于距离地面 60～70 厘米处剪顶定干，第二、第三年培养第一层主枝，第四、第五年培养第二层、第三层主枝。各主枝选留位置要互相错开，避免顶对而使主干“掐脖”。在每个主枝距离主干 40 厘米处培养第一侧枝，距离第一侧枝 25 厘米且在第一侧枝对面培养第二侧枝，依次类推。与此同时，同步培养各主枝上侧枝和结果枝组。第 3 层主枝培养完备后，封顶成形。

修剪。修剪是在整形的基础上，为继续保持优良树形和更新结果枝而采取的剪截措施。黑果枸杞的成枝能力较强，尤其在四年生的初果龄阶段，这个阶段结实量还不大，营养生长较强，发枝力很强。修剪原则以轻剪缓放为主，以达到树冠的充实、调整目的。每年在 5—6 月、8—11 月 2 次进行，主要是将枯枝、徒长枝、过密枝、病虫枝及主干长出的直立性枝、无用横枝、针刺枝等剪去，保留生长健壮枝。通过修剪，减少养分消耗，有利于通风透光，减少病虫害，控制树体高度，有利于果枝发育和果枝生长，达到丰产的目的。修剪后为保证苗木的营养供应，要施 1 次肥，以氮肥为主，磷肥为辅。将两种混合的肥料撒施在植株周围。一般每亩施用尿素 15 千克、磷肥 5 千克。

果实采收及处理。当果实由绿变紫黑色时就要及时采摘，果实采收期很长，7—11 月。

火龙果种植

种植方式。设施中以柱式栽培最为普遍，其优点是生产成本低、土地利用率高。柱式栽培就是立一根水泥柱或木柱，在该柱的周围种植 3～4 株火龙果苗，让火龙果植株沿着立柱向上生长的栽培方式。

种植规格。立柱的株行距为2米×2米，按每柱周围栽4株苗计算，每亩约植600株火龙果。火龙果一年四季均可种植，注意不可深植，植入约3厘米深即可，春夏季露地栽培时应多浇水，使其根系保持旺盛生长状态。

田间管理。栽植后第二年每柱可产火龙果8~12个，第三年进入盛果期，管理水平较高的果园，每亩产量可达2 500千克。

其田间管理要点如下。

薄肥勤施：火龙果可适应各种土壤，但以含腐殖质多、保水保肥的中性土壤和弱酸性土壤为好，为使其种植后生长旺盛，必须多施消毒杀菌发酵的人畜禽粪有机肥，苗期施钙镁磷肥和复合肥，用量根据植株大小而定；开花结果期间要增补钾、镁肥，以促进果实糖分积累，提高品质；结果期保持土壤湿润，树盘用草或菇渣覆盖。天气干旱时，每隔3~4天灌1次水。

摘心：当枝条长到1.3~1.4米长时摘心，促进分枝，并让枝条自然下垂。

间种与人工授粉：种植火龙果时，要间种10%左右白肉类型的火龙果作授粉树。品种之间相互授粉，可以明显提高结实率。若遇阴雨天气，要进行人工授粉。授粉可在傍晚花开或清晨花尚未闭合前，用毛笔直接将花粉涂到雌花柱头上。

修剪枝条：每年采果后剪除结过果的枝条，让其重新发出新枝，以保证来年的产量。

采收：火龙果栽后12~14个月开始开花结果，每年可开花12~15次，4~11月为产果期。

木瓜种植

定植。一般定植的行距为2.5米，株距为1.5米，每亩定植150~200株。

田间管理。定植后10~15天轻追肥一次，以后每隔半个月追施速效肥一次，如稀释的腐熟人畜粪尿。植株逐渐长大以后，施肥浓度可逐渐增加，到现蕾时开始施重肥。在果实发育的6—10月，每月要施一次重肥。番木瓜生长需要较多的水分，但土壤又不能过湿或积水，以免影响根系生长甚至造成烂根。

投入产出估算：

（1）食用百合亩投入约1万元，按新疆产地亩产出750~1 000千克计算，市场价为16~20元/千克，亩收益为5 000~10 000元。

（2）贝母亩投入约2.5万元，亩产出按800千克算，按照目前新鲜贝母市场收购价每千克30~40元，保守计算，剔除化肥、农药、劳动力等成本，每亩可获 30%的利润，即每亩获净收入 8 000~10 000 元。

（3）黑果枸杞亩投入约 1 万元，成年树亩产出 200~300 千克，按市场价 1 000 元/千克，亩收益为 10 000~20 000 元。

（4）火龙果亩投入约 1.2 万元，丰果期产量约 2 500 千克，按市场价 10 元/千克，亩收益约 13 000 元。

（5）木瓜亩投入约 0.4 万元，亩产量约 1 500 千克，按市场价 7 元/千克，亩收益约为 6 500 元。

（二）生态养殖示范工程

1. 北京油鸡品种引进及规模化健康养殖试验示范

建设目标：引进北京油鸡优良品种，不同生长期合理搭配，实现连续生产，总存栏达到 5 000 只以上，并配套规模化健康养殖技术，养殖生产高端、优质、具有北京油鸡独有特色的肉蛋产品。并配合园区整体信息化商务，建设品牌以及高效的肉蛋产品销售体系。

建设内容：

（1）总面积超过 5 000 平方米的区域，建适宜高度的围栏与其他示范单元分隔，在不同的位置设进口和出口，进口处设人员和车辆的隔离消毒设施，出口用于养殖废弃物的运输。

（2）600 平方米以上的鸡舍 2 栋，配套漏缝地板，自动喂料，自动饮水，自动清粪和自动集蛋设以及通风设施。配套 3 000 平方米以上的舍外活动场地，并有遮阳设施、饮水和喂料设备。

（3）200 平方米育雏舍一间，地暖，配套采暖锅炉，育雏网床，喂料饮水设施以及通风设施等。

（4）500 千克小型饲料加工机组，200 平方米饲料加工车间及库房。

（5）100 平方米低温蛋品库房 1 个，大型冷冻冰柜 1 个。

（6）50 平方米屠宰包装车间（如果能代宰加工可省）。

（7）小型粪肥加工设备，用于及时进行粪便的无害化处理并加工有机肥。

（8）病死鸡化尸井或相应的处理设施。

（9）建议配套相应的土地种植多年生可刈割的牧草，用于配制北京油鸡饲料以提高肉蛋品质。

技术方案：根据示范园区的整体规划，划定健康养殖示范区域的面积和位置，由北京市农林科学院提出设施建设的技术要求，由二二四团相关单位提供设计方案，最后由双方共同确定建设方案；在设施的建设施工过程中，进行相应养殖设备的调研订购、设备的安装、调试、试运行以及雏鸡的订购、饲料的加工生产。其间尽早进行生产管理和养殖人员的招募和培训，为雏鸡引进育雏并进入正规养殖生产流程做好充分的准备。在养殖生产开始前即开展北京油鸡产品品牌的策划和营销宣传（图 6-22）。

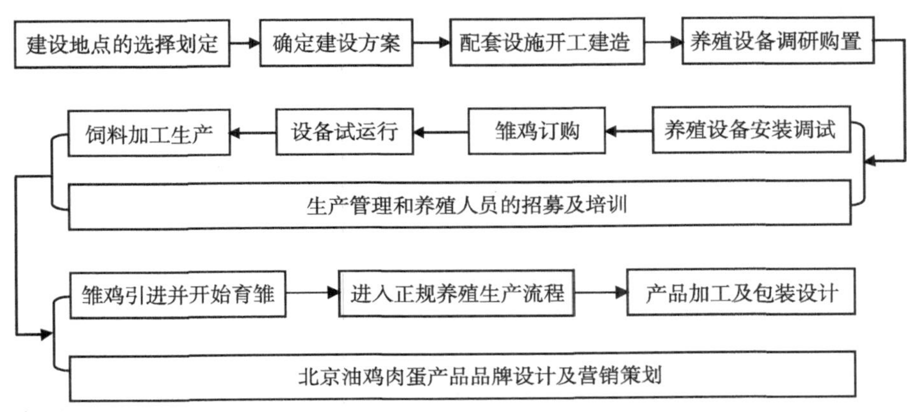

图 6-22　北京油鸡产品品牌策划流程

建设地点：新疆生产建设兵团第十四师二二四团。

建设期限：2016. 8—2017. 8。

投入产出估算：

（1）投资概算

①固定资产投资：由于本项目以展示示范为主要目的，各种设施设备配备齐全且要求规范，因此在固定资产投资上较普通生产企业要稍高一些，合计 120 万元（表 6-6）。

表 6-6　固定资产投资概算表

建设项目	数量	金额（万元）
健康养殖鸡舍及舍内配套设备	2	60.0
育雏舍及舍内配套（包括采暖）	1	10.0
小型饲料加工机组	1	5.0
饲料车间	1	2.5

（续表）

建设项目	数量	金额（万元）
低温产品库房	1	3.0
兽医检测室及配套（包防疫用具）	1	3.0
园区内路面		1.0
高压清洗机	1	0.5
大冰柜	1	2.0
大门消毒设备	1	2.0
小型粪肥及时处理设备	1	15
生活办公区配套用建筑		5
其他不可预见费用		11.0
合计		120.0

②流动资金：为计算简便，仅以饲养肉用北京油鸡概算，流动资金为第一批商品鸡的前期饲养费用，主要包括引种费、饲料费、防疫费、人员工资等。按饲养 3 000 只商品鸡，4 个月上市计算，每只鸡饲养成本为 60 元，合计 18 万元。

（2）经济效益分析　本项目所养殖的北京油鸡为安全绿色高端产品，面向高端消费人群和场所，定价应高于普通柴鸡价格。目前北京油鸡在内地高端市场的售价范围在 100～180 元/只，本示范基地的售价以大于等于 100 元/只为宜，按 120 元/只计算，每只鸡扣除加工、包装、营销和运输费用，纯利润可以达到 50 元。如果年出栏 5 000 只商品肉用油鸡，纯利润 25 万元。

如果额外养殖 2 000 只蛋用北京油鸡，养殖周期一年，直接费用 120 元/只，北京油鸡在一个产蛋周期可产 120～180 枚，本项目按照每只鸡产蛋 100 枚计算，定价 2 元/枚，鸡蛋的收益 200 元/只，产蛋后的北京油鸡老母鸡具备滋补功效，北京市场价格 100 元/只以上，合计每只鸡毛利 300 元，合计纯利润 180 元/只，2 000 只可得纯利润 36 万元。但由于受到养殖规模限制，出栏肉用北京油鸡数量相应减少 2 000 只，利润减少 10 万元/年。北京油鸡蛋鸡和肉鸡的年总利润为 51 万元/年。

固定资产和流动资金前期投资为 138 万元，投资回报率为 36.9%，固定资产投资回收期为 2.71 年。

2. 20 万只蛋鸡标准化养殖小区建设项目

建设目标：满足当地居民对鸡蛋的需求量。

建设内容：本项目建设面积共计 27 080 平方米。其中，主体工程建设面积 18 900 平方米，辅助工程建设面积 220 平方米，其他工程建设面积 7 960 平方米。购置各类设备 5 020 台套，料槽 7 016 米。项目建成后，将达到蛋鸡标准化养殖小区建设标准，形成年产饲养蛋鸡 20 万只，生产优质商品鸡蛋 2 648 吨，优质有机肥 8 000 吨，淘汰鸡 14 万只的生产规模。

技术方案：

（1）鸡舍的建造

①鸡棚根据自己养殖需求来建设，长宽比例在 5∶1。

②建设鸡棚考虑通风。调节室内温度和湿度，能够正常保证温度15～20℃。

③地上式更为简单，也适用于旧鸡舍改造，需在旧鸡舍内四周用相应材料（如砖块、土坯、土埂、木板或其他当地可利用的材料）做 30～40 厘米高的挡土墙可（用作遮挡垫料），地面要求是泥地（使用水泥地面改造要在每平方米面积钻 6～10 个直径为 4 厘米的孔），垫料 30～40 厘米的垫料，加入菌种即可。

④半地下式，即把鸡棚中间的泥地挖一点，如挖 15 厘米深，挖出的泥土，可以直接堆放到大棚四周，作为挡土墙，起到就地取材的作用（封底示范建造图片就是这样做的），需空出高度为 30～40 厘米的空间，以便放置发酵床垫料，然后上面盖上养鸡大棚即可。

⑤充分利用阳光的温度控制，大棚上复薄膜、遮阳网，配以摇膜装置，棚顶每 5 米或全部设置天窗式排气装置，天热可将四周裙膜摇起，达到充分通风的目的。冬天温度下降，则可利用摇膜器控制裙膜的高低，来调控舍内温、湿度。冬天可将朝南遮阳网提高，以增加阳光的照射面积，达到增温和消毒的目的。使用寿命可达到 6～8 年。

⑥通风条件要完善，大棚发酵床养鸡的通风可以使用传统的风机或者自然通风。

垂直通风：大棚顶部，每隔几米留有通气口或天窗，可由两块塑料薄膜组成，一块固定，另外一块为活动状态，打开通风口时，拉动活动的塑料薄膜，露出通风口，发酵产气直接上升排走，起到促进空气对流的作用，在夏天可以利用这一通风模式。

纵向通风：利用摇膜器，掀开前后的裙膜可实现；把鸡棚两端的门敞开，可实施纵向通风。

自然通风不需要通风设备，也不耗电，属于资源节约型。

⑦发酵床鸡舍内，设定相应的育雏箱，育雏箱由 3 个温度不同而连接在一起的整体箱组成，包括休息室、采食槽、饮水槽，由休息室至饮水槽的距离不可低于 60~80 厘米，随着雏鸡的逐渐长大，迫使雏鸡每天至少行走 50~60 次。在发酵床养鸡舍中，雏鸡会更愿意，或更早地离开保温箱，到发酵床中活动和戏耍、啄食垫料、刨地等，进而锻炼了鸡只的健康和消化道能力。

同时，每隔数米距离，放置几根支撑起来的竹架子或宽孔塑料网，离地高度在 30~40 厘米，目的是让成鸡可以飞上戏耍，并可进行休息，夏天又可以起到清凉解暑的作用，更能相应增加养殖密度，提高效益，减少心理应激。

同时，在鸡舍外单独建设一个隔离栏舍，以备病鸡处理之用。

⑧建造鸡舍的费用：建设简单的大棚，以 24 米×8 米的大棚为例，面积为 192 平方米，造价不到 8 000 元，如封底使用简单柱子、水泥瓦为结构的发酵床养鸡棚 200 平方米面积全部成本仅为 1 万元左右，而建设相应的标准砖瓦结构鸡舍，需要 3 万元左右。

（2）垫料的组成　发酵床准备的材料是稻草、秸秆或者锯末，水、MP 伴侣、MP 复合菌菌液。先将稻草或者秸秆切到 10~15 厘米，一般常铺 30~40 厘米。1 立方米垫料使用 1 千克 MP 复合菌液，1 千克 MP 伴侣。加水（可以把 MP 伴侣先加到水里）混合均匀，湿度达到 30%左右，进行铺垫，1 立方米的垫料可以铺垫 3~4 平方米。厚度为 30~40 厘米。特别注意的是，当发酵床做好以后，不要立即把鸡放上去，先进行一周前期发酵，才放入雏鸡。根据当地风向情况，选地势高燥地带建设，可以建设大棚发酵床养鸡舍，大棚两端顺风向设定，长宽比为 3∶1 左右，高 3 米，深挖地下 30 厘米以上，北方则要 40 厘米以上（也可以在泥土地面上四周砌 30~40 厘米的挡土墙，但同时鸡舍也需加高 30~40 厘米），方便填入垫料。

（3）后期注意事项

①经常饮用 1∶100 倍的 MP 稀释液，喂养发酵的饲料，能够提前分解饲料的营养成分，便于鸡的充分吸收。

②鸡放养的密度要掌握好，密度大了以后单位面积粪太多，发酵床的菌不能有效分解粪便，每平方米 5~6 只。

③有益菌生长需要潮湿的环境，观察发酵床的湿度，可以在喷洒 1∶200

倍菌液稀释液。湿度控制在 30%左右。

④密切注意益生菌的活性：必要时须再加入 MP 复合菌液调节益生菌的活性，以保证发酵能正常运行。

⑤禁止化学药物：鸡舍内禁止使用化学药品和抗生素类药物，防止杀灭和抑制益生菌，使得益生菌的活性降低。

⑥必须注意通风换气。

⑦严格做好日常防疫。

投入产出估算：按时价核算。

3. 规模养鸽场建设项目

建设规模：

存栏与产量：存栏生产种鸽 51 840 对，其中乳鸽生产与食用鸽蛋生产各存栏种鸽 25 920 对，年产乳鸽 36 万~40 万只，年产食用鸽蛋 180 万枚左右。

占地面积：89. 2 亩。

建筑总面积：24 766 平方米，占土地面积的 41. 6%。

鸽舍面积：20 976 平方米，占建筑总面积的 84. 7%。

耗水量、饲料量：满负荷生产年耗水总量 5 800 吨（包括驻场人员用水量），备用水源总量应在 6 000 吨以上；年消耗饲料总量 1 655 吨。

污水排出量、产粪量：无污水排出，年产风干鸽粪总量 500 吨。

建设内容与投入资金预算如表 6-7。

表 6-7　建设内容与投入资金预算表

项目名称	单位	数量	单价（元）	金额（万元）
鸽　舍	平方米	20 976	120	251. 7
饲料用房	平方米	2 016	240	48. 4
办公室宿舍	平方米	672	240	16. 1
配电采暖用房	平方米	190. 8	240	4. 6
孵化室	平方米	912	240	21. 9
颗粒饲料湿法生产设备	套	1	200 000	20. 0
孵化器	台	15	6 000	9. 0
屠宰车间	平方米	300	240	7. 2
屠宰设备	套	1	500 000	50. 0

（续表）

项目名称	单位	数量	单价（元）	金额（万元）
种鸽	对	51 840	80	414.7
新型鸽笼	架	4 320	150	64.8
背喂式自动喂料机	台	120	2 700	32.4
洁净型自动饮水线	套	25 920	8	20.7
电动清粪机	台	10	4 000	4.0
承粪带	米	28 800	3	8.6
自动控制孵化器	台	20	5 000	10.0
颗粒饲料加工机	套	1	150 000	15.0
其他				150.0
合计				1 149.1

关键技术内容：

①新型温室节能型鸽舍建设。

②混合型全价颗粒饲料生产，包括肉鸽、蛋鸽不同阶段的饲料技术。

③背喂式自动喂料系统应用。

④洁净型自动饮水系统应用。

⑤电动清粪系统应用。

⑥新型配套笼具应用。

⑦蛋鸽、乳鸽性别鉴定与双母配对技术。

⑧“2+3”“2+4”饲养技术。

⑨免疫预防新城疫和毛滴虫技术。

生产指标：

①种鸽利用年限≥4 年。

②每对种鸽年出栏乳鸽≥14 只。

③出栏乳鸽料重比≤5.2。

④乳鸽 4 周玲出栏体重≥500 克。

鸽粪利用：用作果园和菜园的肥料；经处理后作为羊的饲料。

效益评估如表 6-8。

表 6-8　效益评估表

名称	数量	成本		收入		毛利（万元）
		生产单价（元）	生产成本（万元）	销售单价（元）	销售收入（万元）	
乳鸽	388 800 只	12	466.6	19	738.7	272.1
鸽蛋	1 814 400 枚	1.7	308.4	3.5	635	326.6

4. 羊标准化养殖项目

建设目标：新建养羊场 1 座，母羊 160 只，年出栏商品羊 350 只。

建设内容：新建养羊场 1 座，建设内容主要包括土建、设施设备等。

（1）土建　羊舍建筑面积约为 840 平方米，可根据场地情况建成 1 栋或 2 栋羊舍。舍外运动场约 1 000 平方米。此外，还需要一些辅助建筑设施：饲料仓库、饲草棚、饲养员简易的生活设施等，大约建筑面积 170 平方米。加上道路等，规划总占地面积约为 5 350 平方米。

（2）设施设备，如饲料槽、饮水设备等。

技术方案：结合当地气候条件，建造羊用棚圈。采用透光性能好、易封闭的覆盖材料，尽可能利用太阳辐射热和畜体本身所散发的热量。棚圈应便于通风换气，防止舍内结露，创造有利于羊只生长发育和生产的小环境；减少能量损耗，降低维持需要。主要设计参数如下。

选址：选择地势较高、向阳、背风、干燥、水源充足、水质良好、地段平坦且排水良好之处，应避开冬季风口、低洼易涝、泥石流冲积的地段，并要考虑放牧、饲草（料）运送和管理方便。

建筑朝向：坐北朝南或南偏东不大于 15°。

建筑形式：棚圈采用高床饲养，建筑形式为半开放式；接羔舍宜采用密闭式。屋顶可采用单坡、双坡、不等坡或拱形。

舍内布局：采用单列北走道形式，走道宽以 1.0～1.2 米、饲槽宽以 0.6～0.8 米为宜。

建筑尺寸：棚舍跨度不宜过小。单坡屋顶的跨度以 6 米左右为宜，北侧檐高不小于 1.8 米，南侧檐高不应低于 2.5 米。

饲养品种：小尾寒羊，具有生长发育快、性成熟早、长年发情、繁殖力高、肉嫩多汁及口感好等特点，适合于农区舍饲。

饲养阶段：空怀配种（35 天）—妊娠（133 天）—分娩哺乳（70 天）—

育成育肥（119天）。

母绵羊的妊娠期为152天，发情周期为14~20天，羊羔断奶后10天左右母羊发情。为了在生产管理上留有余地，妊娠期按照19周（133天），空怀配种期2周（14天），配种后观察一个情期3周（21天）。

工艺流程：采用全进全出制度。采用舍饲饲养的方式进行生产，羊群饲养在羊舍内的羊圈里。采用高床网上饲养技术，即用木条制成离地高度0.8~1.0米高的网床，羊群饲养在网床上。这样，羊排泄的粪尿通过木条间的缝隙及时排泄到网床下由人工定期用刮板清理走，使得羊群有一个清洁卫生的生活环境，以最大限度地减少疾病的发生。

产品质量标准：所生产的羊肉产品质量符合国家GB/T 9961—2008《鲜、冻羊肉》和NY 5147—2002《无公害食品　羊肉》的有关规定。

投入产出估算：羊场年出栏商品羊350头，按照头均产值1 200元计可创造产值42万元。

5. 猪标准化养殖项目

建设目标：新建自繁自养商品猪场1座，年存栏母猪150头，年出栏商品猪2 800头。

建设内容：新建自繁自养的商品猪场1座，占地约2 253.32平方米。建设内容主要包括土建、设施设备等。

（1）土建　新建公猪舍1栋、空怀配种舍1栋、怀孕母猪舍1栋、产房1栋、保育舍1栋、辅助建筑1栋，建筑面积2 253.32平方米（表6-9）。

表6-9　商品猪场土建建设内容

猪舍名称	数量	规格（米×米）	面积（平方米）	备注说明
公猪舍				3个公猪大栏，129套单体栏，8套后备母猪栏，1套采精大栏
空怀配种舍	1	13.2×42	554.4	
怀孕母猪舍				饲养怀孕母猪200头
产房	1	15.9×24	381.6	连栋产房，6个单元，每栋8套产床，共48套产床
保育	1	13.2×19.8	261.32	连栋保育，4个单元，每栋6套保育床，共24套保育
育成舍	1	36×21	756	3个单元为1组，共12周
辅助建筑	1		300	宿舍，办公室，学习室，会议室，食堂和饲料车间
合计	5		2 253.32	

（2）设施设备 购买人工授精设备、采精栏、公猪栏、后备及母猪大栏、饮水系统、饲喂系统、环控系统等（表6-10）。

表6-10 商品猪场设施设备建设内容

猪舍名称	设备名称	数量	单位	规格（米×米）	备注说明
公猪舍/空怀配种舍/怀孕母猪舍		1		13.2×42	3个公猪大栏，120套单体栏，8套后备母猪栏，1套采精栏
	人工授精	1			
	采精栏	1	套	4×2.375	
	公猪栏体	3	套	4×2.375	
	后备及下床母猪大栏	8	套	4×2.375	
	单体栏	120	套	2.4×0.6	
	饮水系统	1	套		
	饲喂系统	2	套		
	环控系统	1	套		
产房		1		15.9×24	连栋产房，6个单元，每栋6套产床，共48套产床
	产床	48	套	1.8×2.4	
	饮水系统	2	套		
	饲喂系统	1	套		
	环控系统	6	套		
保育		1		13.2×19.8	连栋保育4个单元，每栋6套保育床，共24套保育
	保育床	24	套	2×3.5	
	饮水系统	1	套		
	饲喂系统	1	套		包括干湿料槽
	环控系统	4	套		
育肥舍		1		36×21	3个单元为1组，共12周
	大栏	36	套	3×5.5	2周并1组
	饮水系统	1	套		
	饲喂系统	2	套		
	环控系统	6	套		

技术方案：猪场建设工艺需先进、合理、实用。猪舍以全封闭型为主，主要设计参数如下。

猪场整体建设布局分生活区、生产区、粪污处理区三大部分。生活区、生产区处在上风向，粪污处理区处于下风向。

猪舍为砖混结构，屋顶、墙体采用保温隔热材料，安装水帘、负压通风系统、自动喂料及自动饮水设施。饲养舍内地面为水泥地面，墙内外壁用水泥抹面。地面和墙壁应便于清洗和消毒。

走道：双列式猪舍，一般设 3 个走道，每个走道宽 1.5 米左右。

饲养阶段：配种怀孕舍 16 周—产房 4 周—保育舍 7 周—生长育肥舍 12 周—出栏上市。

工艺流程：采用全进全出制度，指生产和保育阶段，在同一单元或同一组别的猪只均采取 2 周制全进全出。

猪只密集饲养，空怀、怀胎和哺乳母猪都采用限位饲养法。

粪道、污道分开设计：考虑冬天保温、夏季降温需要，加大环境调控设备投入；粪便处理后资源化利用，减少粪便对环境污染。

产品质量标准：所生产的猪肉产品质量符合 GB 2707—2016《食品安全国家标准　鲜（冻）畜、禽产品》和 NY 5029—2008《无公害食品　猪肉》的规定。

投入产出估算：猪场年出栏商品猪 2 800 头，按照头均产值 1 500 元计，可创造产值 420 万元。

（三）生态休闲养生工程

1. 沙地比赛场

建设目标：让规划区的沙地比赛在国际上享有盛名。

建设内容：国际标准的沙地比赛场地，包括汽车拉力赛场地、摩托车沙地比赛场地、滑沙比赛场地。

技术方案：在规划区划出 3 处区域，两处用作于国际汽车拉力赛场地的建设、沙地摩托车场地的建设，一处用作于滑沙比赛场的建设。对于汽车拉力赛及沙地摩托车场地建设，完全按照国际上的标准进行建设；对于滑沙比赛场则要兼顾比赛后民用的改造，可以从沙坡的高度、沙道的弯度、障碍的设置等方面进行改造，达到“比赛用得上、赛后可以玩”的比赛场地。

投入产出估算：投资成本 600 万元，收益 1 300 万元。

2. 骑驼漫步

建设目标：使外地游客感受到新疆沙漠风情的一面。

建设内容：饲养骆驼 50 头，饲料厂房，驼圈，围场，训驼师 7 名，饲养员 5 名。

技术方案：购进 50 头骆驼，为其建设 1 座饲料厂房，该厂房可以对原材料进行独立加工，实行按人头分配制，即每个饲养员各自负责 10 头骆驼的饲养任务。围建一个能够同时容下 10 头骆驼进场的大围场，7 名训驼师各负责一天，保证每天都有专业的训驼师进行专业的指导，也是对游客人身安全的一种保障。

投入产出估算：投资成本 800 万元，收益 1 200 万元。

3. 高端沙产业博物馆

建设目标：塑造国内一流涉沙产业的高端博物馆。

建设内容：博物馆大楼、各种沙雕作品、收集有沙文化底蕴的工具及历史遗物、管理办公室及办公用具。

技术方案：积极吸取国外沙产业博物馆的先进经验，结合新疆的文化特点，在规划区建设一座国内一流的沙产业博物馆，向社会公众展示介绍新疆的历史文化，雕塑各个时期曾经在新疆地区留下足迹的王国状况及领袖（或是在当时有代表性的历史人物），起到普及和宣传教育的作用。

建设地点：昆玉市内。

投入产出估算：投资成本 1 500 万元，收益 3 000 万元。

4. 农家乐

建设目标：注重新疆当地风情，无论经营项目和建筑风格，要严格控制，形成鲜明特色，呈现当地文化景象。

建设内容：建设农家饭馆、农家游乐设施，培训人员，规范化管理等。

技术方案：通过种养结合营造特色农家环境，主打高端农业体验品牌，维吾尔族饮食文化，对全区的销售、管理、宣传进行统一的规范，建设成以生态农业旅游、观光为有效载体的绿色生态农庄。为城市居民提供休闲观光需求，以餐饮、小型休闲游乐为主，同时积极发展庄园经济，把农家乐发展成一种既纯朴实惠，又符合现代生活需求的城郊休闲观光游乐项目。

投入产出估算：投资成本 3 000 万元，收益 8 000 万元。

5. 金沙碧水亭

建设目标：供外地游客在规划区领略沙漠与湿地共存的壮观景象以及体验当地居民的生活环境与习俗。

建设内容：木质景观亭，亭上用灰质瓦。

技术方案：选择位置较佳的几处观赏位置，靠湿地旁边建设5处观赏、休憩的亭台。这样站在金沙碧水亭上，向前可一览湿地美景，向后可领略沙漠的魅力。

建设地点：湿地与防护林之间的生态旅游区。

投入产出估算：投资成本500万元，收益800万元。

6. 采摘园

建设目标：使前来观光的游客感受规划区果品的鲜美，为当地林果类产品树立良好的口碑，扩大规划区的影响力。

建设内容：结合当地果类品种以及引进新品种，建设以苹果、葡萄、西甜瓜、欧李等果品为主的采摘区，供游客采摘。

技术方案：引进适合当地生长的、市场前景广阔的果类品种，集成高效安全生产关键技术，生产出优质的果类产品。将这类采摘园发展成为既可采摘，又可租赁的园区。

7. 农耕文化园

建设目标：加深对农耕文化的了解，传承新疆农耕的历史文化。

建设内容：

（1）农耕体验　游客可以在规划区工作人员的指导下进行播种、灌溉、有机堆肥、驱虫、收割等劳作，也可以亲自采摘果实，按市价进行购买。

（2）土地认领　体验者可以交纳一定土地使用费用，拥有属于自己的一片耕地。与工作人员共同设计种植计划，选择种植品种，制定种植方案，按有机标准种植，种植纯正、新鲜、天然、健康的生态品种。认领地所有产品归体验者，闲暇时间可以参与锄草、松土、浇水、施肥、采摘、收获，完全停止使用化肥、农药、农膜、添加剂、除草剂、转基因品种，用自然传统的防虫除草办法经营农场。

（3）有机食坊　适当布置农家小院，庭院中可以进行传统手工制作工艺技术展示。游客也可以参与制作，体验田园式的农家生活。游客也可自己动手，将采摘的新鲜果菜烹制成美味菜肴，自己掌勺过一把厨师瘾。原料、调料、酒水，从田间到餐桌全部采用有机食物，制作过程不使用色素、味精等合成调料。无论春华秋实，还是夏暑冬寒，游客都可在此尝到农家田地里的新鲜果菜，体验日出而作、日落而息的田园式的生活情调。

技术方案：建设一个集现代科技与传统文化、科普教育与休闲娱乐于一体的现代农耕园。令游客在游玩的过程中了解农耕文化及历史，通过亲身参与项目体验，进一步加深对农耕文化的了解。特别是亲子活动和家庭活动的好去处，带领全家一起去感受大自然和中国传统农耕文化的魅力。

8. 红枣康体养生馆

建设目标：以技术创新为动力，以品牌经营为核心，以科学管理为手段，逐渐落实产品系列化、高端化、健康营养化的战略。继续保持和巩固公司在红枣加工行业的发展势头，并积极利用技术和资源优势，开发新产品，开拓新市场。开发红枣产业多元化发展，一方面提升产品附加值，提供枣糕、枣品等食品体验区；另一方面加强红枣养生功能开发，除饮食外，加强药用价值挖掘，例如药浴、足浴、精油、美容产品等项目开发，红枣霜、红枣精华等美容养颜产品创新体验。多维度打造和田特色红枣产业，为当地居民及全国消费者提供特色红枣康体养生、休闲服务的生态场所。

建设内容与技术方案：

（1）养生康体馆主体建筑 8 000 平方米，整体 4 层建筑，内部设置不同规格房间，一层设服务大厅，内部建设药浴养生馆，美容健身馆以及红枣养生产品体验馆。

（2）场馆建筑外侧设停车场，占地 10 亩，设置停车位 2 000 个。

（3）绿化建设。围绕红枣林建设休闲景观。

建设期限：2016—2020 年。

9. 红枣科技博物馆会展中心

建设目标：打造地域特色博物馆，以枣文化为核心，沿着枣在人类社会生活中的价值演变历程，科普红枣的药用价值、健康养生元素以及介绍整个红枣种植加工的全产业链条展示，打造“和田玉枣”品牌，协助和田地区树立世界枣乡的品牌。按照“时空”概念，以历史、现在、未来的时间顺序，融入自然、科技、人文三大空间板块，打造一流专业红枣科普博物馆。以多种手段宣传枣文化以及枣科技，同时承接红枣展销会、红枣新型产品研讨会等活动，将博物馆打造成集展销与科普于一体的国际化活动场所。

建设内容与技术方案：

（1）主体博物馆。展示不同品种的枣类以及展示和田大枣的全生长周期，宣传科普不同枣品的水土基本条件等。另外展示枣品科技创新产品，形成互动馆。

（2）会展中心。红枣展览馆会展中心，吸引全国以及世界地区的红枣产业企业，开办红枣展销会、红枣新型产品研讨会等活动。

（3）绿化建设。围绕红枣林建设休闲景观。

建设期限：2016—2020年。

10. 红枣DIY体验园

（1）红枣粉加工技术示范

建设目标：1年规划期末，加工产房100平方米，增加设备，引进技术人员，开始试生产。

技术方案：

红枣汁浸提工艺：以可溶性固形物浸提率或总糖提取率为考察指标，主要探讨了4种浸提红枣汁的工艺方法。综合分析，超声波辅助果胶复合酶浸提红枣汁工艺方法效果最佳，其最佳工艺条件为加酶量320微升/克，加水量5毫升/克，超声波功率125瓦，处理温度35℃，时间20分钟，在此条件下可溶性固形物浸提率为73.35%。

红枣浆制备工艺：首先探讨了3种微波软化红枣的工艺方法，其中热水浸泡—微波软化红枣工艺效果较好，其最佳工艺条件为热水温度40℃下浸泡1小时，微波功率为540瓦下处理90秒，加水量为8毫升/克；其次，酶解红枣浆工艺为果浆酶加酶量为360微升/克，在温度为40℃下酶解1小时，得到红枣浆的黏度明显降低，持水率显著增大。

红枣粉生产工艺：在对红枣粉干燥生产工艺的探讨中，得到微波干燥红枣浆生产红枣粉的工艺方法较佳。其最佳工艺条件为红枣浆总固形物40%左右，并与主助干剂麦芽糊精配料比4：6，铺料厚度5毫米，微波功率360瓦，间歇加热方式10/60（秒/秒）；复合助干剂的配方（占主助干剂质量百分比）为β-环糊精15.0%、大豆分离蛋白2.5%、可溶性淀粉13.0%、卵磷脂3.0%。

红枣粉的吸湿特性与包装材料的研究：首先，确定了由真空冷冻干燥红枣浆、微波干燥红枣浆和红枣汁制备的红枣粉临界相对湿度分别为29.8%、37.8%和54.6%；并以微波干燥红枣浆制备的红枣粉为原料，在室温条件下，用铝箔塑袋、PVDC和放入防潮剂的0.25毫米PE。

包装的红枣粉，在储藏180天的过程中，均能达到防潮的效果，均未发现腐败变质、吸潮结块的现象，口感和风味保留良好。

红枣粉质量稳定性与卫生指标的研究：以微波干燥法生产的红枣粉为原料，通过添加适量食品用抗凝聚剂，用以改善红枣粉的凝结性，并确定最佳的抗凝聚剂黄原胶的添加量分别为红枣汁和红枣浆微波干燥生产红枣粉质量的0.1%和0.3%。并同时对其卫生指标进行测定，得出微波干燥法制备的红枣粉符合国家标准。

（2）红枣酒加工技术示范

建设目标：1 年规划期末，加工产房 100 平方米，增加设备，引进技术人员，开始试生产。

技术方案：枣酒的生产方法主要有 3 种，一是发酵，二是浸泡，三是调配。也可 3 种工艺结合，取长补短，生产特色枣酒。发酵型枣酒是一种高档果酒，具有较高的营养保健价值，色泽紫红悦目，口味醇香浓郁。枣酒按含糖量可分为干红枣酒、半干红枣酒、半甜红枣酒和甜红枣酒。

生产方法：红枣选择→清洗→浸泡→破碎→果汁调整→主发酵→压榨→后发酵→陈酿→下胶澄清→过滤→调配→杀菌→装瓶→成品。

（3）红枣果汁及饮料产品技术示范

建设目标：1 年规划期末，加工厂房 100 平方米，增加设备，引进技术人员，开始试生产。

技术方案：1 工序，原辅料验收；2 工序，果槽；3 工序，一级输送清洗；4 工序，二级输送清洗；5 工序，一级提升；6 工序，拣选；7 工序，烂果输送；8 工序，浮洗；9 工序，二级提升；10 工序，消毒；11 工序，滚杠喷淋清洗；12 工序，三级提升；13 工序，破碎；14 工序，果浆加热；15 工序，果浆暂存；16 工序，压榨；17 工序，一级过滤；18 工序，果渣排放；19 工序，生汁暂存；20 工序，前巴氏杀菌；21 工序，酶解澄清；22 工序，二级过滤；23 工序，超滤；24 工序，提糖；25 工序，固形物排放；26 工序，吸附；27 工序，四级过滤；28 工序，蒸发浓缩；29 工序，浓汁暂存；30 工序，降温；31 工序，冷藏；32 工序，第二次巴氏杀菌；33 工序，五级过滤；34 工序，无菌灌装；35 工序，贴标、铅封；36 工序，贮存；37 工序，出厂前检查；38 工序，发运。

（4）红枣夹核桃仁体验制作示范

建设目标：1 年规划期末，制作体验区 80 平方米，增加设备，引进制作人员，开始试教学。

技术方案：准备几颗大枣—准备与大枣相应数量的核桃—取出完整的核桃仁—将大枣去核—将核桃仁塞到去核的大枣中—放入烤箱，烘烤 10 分钟—取出直接食用即可。

（四）产业支撑体系工程

1. 果蔬保鲜库及加工车间建设

建设目标：该项目作为示范园区的重点项目，对解决目前和将来十四师果蔬卖难问题、增加本区域果蔬销售距离，保持上市果蔬品质，提高果蔬生产效益等均具有重要的促进作用。对促进果蔬产业的流通与发展、提高果蔬经济效益具有示范和引领作用。

建设内容：该项目以示范园区蔬菜种植面积 600 亩、果品种植面积 600 亩为设计基础，冷库容量 1 500 吨。

该项目建设占地 4 600 平方米，总建筑面积 2 600 平方米，包括：预冷库 200 平方米、保鲜库 1 200 平方米、气调库 600 平方米、加工车间 400 平方米、办公区 200 平方米 、停车场及道路 2 000 平方米。

技术方案：新建 1 500 吨保鲜冷藏库库体建筑面积 2 000 平方米，分别由 2 间预冷库、6 间保鲜库、3 间气调库组成。预冷库每间面积为 100 平方米，保鲜库和气调库每间面积为 200 平方米。库内净高均为 3. 5 米。库体采用双面彩钢聚苯乙烯保温板拼装。防雨棚采用钢结构钢，地基采用钢筋混凝土单独基础。

建设地点：项目建设地点选择在综合示范园区蔬菜和果品种植区内，也可选择在园区统一的综合服务区，要求道路通畅，便于大型冷藏车出入。

建设主体：以二二四团为建设主体，北京市农林科学院配合优化设计方案、对施工过程中的技术问题负责技术指导。

建设期限：在设计方案确定后 3~4 个月即可完成全部建设工程，预计完成时间为 2017 年 8 月。

投入产出估算：该项目初步预算为 800 万元。其中冷库建设 560 万元、加工车间 50 万元、办公区 30 万元、停车场及道路 160 万元。

保鲜库库容为 840 吨、气调库库容为 420 吨，根据当地种植的蔬菜品种及不同蔬菜和果品的适宜贮藏天数，保鲜库全年可贮存蔬菜 9 批次，共 7 560 吨，按每千克减少损耗和增加收入 0. 2 元计算，全年可增加收入 151. 2 万元。气调库全年贮存果品 420 吨，按每千克减少损耗和增加收入 0. 8 元计算，全年可增加收入 33. 6 万元。全年合计可增加收入 184. 8 万元。

2. 红枣提质增效项目

建设目标：围绕本地区主导产业红枣栽培中存在的产量低和效益不高的问题，提高果园肥水保障水平和栽培管理技术水平，提升单产 15%左右，总产量（干果）达到 9 万~10 万吨，提升效益 15%~20%。

建设内容：①建设果园肥水一体化系统，覆盖枣园面积 13 万亩。根据枣树的肥水需求特点，适时肥水一体化灌溉和提高肥水利用效率。②低效枣园改造工程：对低效枣园进行群体结构和个体结构进行改造，对枣园密度过大进行郁闭园树体结构改造，对个体结构不合理的树形进行优化，提高果园群体光能截获效率，实现高光效群体结构优化。③提高枣树坐果率技术：结合肥水一体化建设，在枣园建设防灾系统，一是花期喷水提高坐果率的喷水系统，二是针对生产中的鸟害问题，架设防鸟网。

技术方案：①在枣园覆盖区域灌溉管路末端安装配肥系统和过滤系统，通过灌溉补肥。在枣树花期前配施水溶性氮肥和磷肥或水溶性复合肥，分 2~3 次施入纯氮每亩 35~50 千克/亩，纯磷每亩 15~25 千克，提高花芽分化质量和幼果发育，提高果实大小和产量。②通过树形改造，培育主干高光效树形，调整群体密度，提高产量和质量。③安装树顶微喷，通过喷淋防治花期沙尘危害，在果实接近成熟、鸟害发生前，在枣园上通过钢架架设防鸟网，每亩造价 2 400 元左右。

建设地点：设施农业园区北邻。

建设主体：二二四团安排。

建设期限：2016—2020 年。

投入产出估算：

投入：滴管配肥系统投入 0. 5 万元/亩×13 万亩，喷淋防尘系统、防鸟网建设投入 0. 24 万元/亩×3 万亩；投入合计 7. 22 亿元。

产出：总产 10 万吨×增幅 15%×30 000 元/吨×4 年＝18 亿元。

3. 利用残次红枣研发畜禽保健饲料或饲料添加剂

建设目标：在新疆生产建设兵团第十四师二二四团建立以红枣为主要原料的饲料研发生产企业，利用本团及周边地区大量的残次品红枣，研发加工销售新型动物保健品或饲料添加剂，为养殖业的健康发展提供技术和产品保障。提高次品红枣的附加值，增加职工收益。

建设内容：残次品红枣收储设备和设施，配套的研发设备和设施，红枣饲料加工、包装设备和设施，成品储存库房，其他根据加工工艺所需的设备或设施，运输设备等。

以上建设内容应在已经研发 1~2 款产品基本定型并通过中试以后。

技术方案：组建包括畜牧、兽医、饲料营养、中兽医、药理等方面的专家在内的研发团队，首先对红枣加工饲料的可行性进行调研：①红枣的物性、药性、营养特性等，对动物的营养保健作用，根据现代畜禽养殖业面临的生产和疾病预防问题，提出主要的深加工产品的开发方向，包括功效、剂型、针对的畜种等。②次品红枣的量，区域，集中收购的可行性，收购价格。③红枣饲料产品的销售区域、价格定位，进行投入产出核算。

实验室的研发阶段，初步研究确定红枣饲料的最佳生产工艺参数，进行动物试验，对所开发的产品进行营养价值和功效性评价。根据实验室阶段结果，制定中试试验方案和技术路线。

中试阶段准备注册企业建厂并中试生产，完成中试试验，准备相关资料申报新饲料证书，准备规模量产。

建设地点：新疆生产建设兵团第十四师二二四团。

建设主体：新疆生产建设兵团第十四师二二四团。

建设期限：2016—2018 年。

4. 分布式作物水肥综合管理系统

建设目标：以农田作物（玉米）或果树（枣树）或（设施集群蔬菜高效安全生产）为应用对象，采用现代农业信息化和智能装备的最新科技手段，结合作物生理发育时间、水肥需求规律，制定作物水肥耦合调控策略和多目标利用技术规程，开发基于水肥耦合高效技术模式的水肥一体化智能装备及其配套系统，构建适用农田作物或果园的分布式水肥一体化综合管理体系和基于 Web 组态技术的综合信息服务平台。

建设内容：分布式作物水肥一体化管理参数筛选及决策模型构建；基于决策参数和控制模型的作物（玉米、红枣、蔬菜）水肥一体化装备开发；基于物联网技术的分布式田间智能水肥综合管理系统构建。

技术方案：以农田作物、果树、大型园区设施集群蔬菜为应用对象，结合管理作物生理发育时间、水肥需求规律，构建分布式水肥耦合的高效管理技术模式，然后建立基于 Web 组态技术的田间分布式水肥管理综合信息服务平台，实现作物水肥精确供给与田间综合管理信息共享。

建设地点：和田。

建设主体：水肥一体化调配中心、分布式储肥站、智能控制监测系统及管道输送调节系统。

建设期限：6~8 个月。

投入产出估算：项目按照 1 000 亩示范区计算，单一作物投入估算 180 万。作物水肥综合管理系统的应用，预期劳动生产率提高 25%左右，作物产量增加 10%以上，灌水量减少 20%以上，化肥减少 10%以上，综合效益提高 15%以上。

5. 有机栽培水肥一体化管理系统

建设目标：以有机蔬菜或水果等栽培作物为应用对象，制定并开发具有自循环反冲洗功能的有机液肥发酵方案及装备系统，基于物联网控制手段，融合有机肥液肥发酵流程和水肥一体化智能装备技术，实现作物有机营养液智能化管理和生产安全、高产、高效。

建设内容：基于设施有机栽培的作物专用高效液肥研发。以有机物料为发酵原材料，根据有机栽培中主要作物生育规律和养分需求特征，探讨可适用于当地的且能够提供作物养分需求的有机肥料的专用配方；通过对微生物菌剂的筛选以及通过对有机液肥中微量营养元素的补充与调配，自循环发酵富含有益微生物的高浓度有机液肥；结合水肥一体化装备建立有机水肥一体管理系统，继而实现有机栽培作物的水肥一体化智能管理。

技术方案如图 6-23。

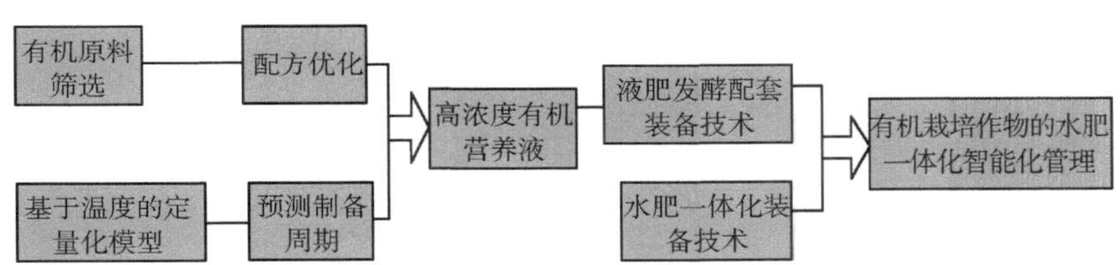

图 6-23 有机栽培水肥一体化管理系统技术方案

建设地点：和田。

建设主体：有机液肥发酵系统，水肥一体化智能装备系统。

建设期限：5~7 个月。

投入产出估算：项目按照 100 亩有机蔬菜或水果栽培示范区计算，投入估算 160 万元。有机水肥一体化装备技术的应用，避免了常规有机栽培中施肥单一、养分供应不足及管理盲目等问题，劳动生产率可提高 25%左右，作物产量增加 15%以上，综合效益提高 20%以上。

6. 生物质循环再利用技术体系

建设目标：在干旱风沙区，以规模化人工种植的植被为原料，经过系列的流程化管理，建立沙漠生物质循环再利用技术体系，实现荒漠化治理的产业化发展，提高沙漠产业的利用价值和经济效益。

其中，人工种植的植被实现防风固沙、涵养水源等功效；收获的植被经深加工处理作为基质替代草炭，实现沙漠温室的有机蔬菜栽培；栽培基质可再用于沙漠治理中改良土。生物质再循环利用技术模式能够实现荒漠化治理的产业化发展，提高沙漠产业的经济效益。

建设内容：适用于沙漠规模化人工种植优良植被的筛选，既要实现防风固沙、涵养水源等功效，又能作为生物质资源重复利用。生物质物料发酵过程控制及养分调配，通过合理环境条件的调控及微生物菌剂的筛选，快速发酵为生物质有机物料，并通过掺和其他材料和肥料配比成栽培基质或工厂化育苗基质。基于有机基质的设施蔬菜栽培系统构建，经过蔬菜栽培的基质循环利用，实现最终废料在沙漠治理改良土壤中的应用。

技术方案如图 6–24。

图 6–24　生物质循环再利用技术技术方案（上）和应用实例（下）

建设地点：和田。

建设主体：规模化人工植被筛选体系，有机物料机械加工系统与发酵池建设，堆肥发酵技术及生物质基质蔬菜栽培系统。

建设期限：3~5个月。

投入产出估算：项目按照1 000亩示范区计算，投入估算330万元。生物质循环再利用技术模式的应用，实现了沙漠化设施栽培的可能性，提高了生物质资源的再利用性，这对区域环境改善、土壤改良、涵养水源及沙漠化治理等具有不可估量的生态及环境效益。

7. 全元素微生物菌肥种植

建设目标：满足规划区农业对此种微生物菌肥的需求。

建设内容：农业种植采用以含有复合益生菌肥料为主导肥料。

技术方案：全元生物菌肥是一种以微生物为主导性质的肥料，包含作物中需要的所有营养元素，根据作物不同时期施入不同比例调整的螯合营养元素。通过元素的螯合技术，把不相容的元素整合到一起，不产生拮抗现象，应用菌肥一体化的专利技术，在传统肥料中添加了有益菌。结合两种技术体系，把不相容、不溶于水的菌和元素结合在一起。解决了农业种植中作物重茬、产量低、吸收差、易生病、土壤肥力低、板结等问题。从而达到用户使用后提质、增产、好吸收、无残留、不会给土壤、环境带来影响的体验效果。

通过螯合态的微量元素，排除元素拮抗和被土壤的固定。与传统的水肥一体化相比，更好地提高了作物的吸收利用率，是现代农业施肥的首选。全元生物菌肥（水菌肥一体化）具有高效、快速、全吸收利用、操作方便等诸多优势。

技术创新：

（1）复合糖醇螯合技术

技术内容：本项目主要通复合糖醇螯合技术，解决了大量元素与各种微量元素的螯合与络合，实现了补充的微量元素促进作物生长，提高果实等产品的感官品质和含糖量等功能，从而可大大提高液体中元素的含量。

（2）聚磷酸铵螯合技术

技术内容：通过聚磷酸铵螯合技术，解决了螯合中会发生的结晶、沉淀问题，实现了将液体中氮磷钾大量元素含量提高到50%以上，提高肥力与作物的吸收利用率，从而解决当下的吸收利用问题。

（3）有机酸螯合技术

技术内容：通过有机酸螯合技术解决了中微量元素的螯合与络合，可提高液体中，钙、镁、硫、硼、铁、锌等元素的螯合，实现了将不溶于水的元素经过螯合后，可以溶于水中。实现了菌肥的全元化，从而补充各个时期所需的不同营养元素。其主要作用有以下 3 个方面。

①生态环境的改善：微生物应用于农业生产，可增进土壤肥力，协助植物吸收营养，增强植物抗病及抗旱能力，节约能源，降低生产成本，减少环境污染。

②土壤：土壤的氮素来源，多种分解磷。钾矿物质的微生物，如一些芽孢杆菌、假单胞菌的应用，可以将土壤中难容的磷、钾溶解出来，转变为作物能吸收利用的磷、钾离子，使作物生活环境中的营养充足。

③调节作用：调节植物生长的调节剂、氨基酸等。多种微生物可以诱导植物的过氧化物酶、多酚氧化酶、苯甲氨酸解铵酶、脱氧合酶、几丁质酶等参与植物防御反应，利于防病抗病。有的微生物种类还能产生抗生素类物质，有的则是形成了优势种群，降低了作物病虫害的发生。菌根真菌由于在植物根部的大量生长，其菌丝除可为植物提供营养元素外，还可增加水分吸收，有利于提高植物的抗旱能力。

微生物肥料和化肥、有机肥等混合施用，比传统施肥增产的报道占 98%，其中增产幅度超过 5%的报道占 87. 4%，超过 10%的报道占 56. 6%。微生物肥料种类以固氮菌类、解磷细菌类、解钾细菌类和复合微生物肥料为主。菌根菌类、复合微生物肥料、PGPR 类、氮菌类、光合细菌类和解钾菌微生物肥料的平均增产依次为 22. 3%、21. 2%、16. 5%、14. 7%、13. 6%和 12. 2%。1989 年以来，非根瘤菌类微生物肥料的文献以应用效果试验的报道为主，其中增产的占 98%。

除了上述特殊功能外，微生物菌肥还含有大量的微生物活体，施入土壤后，使土壤中微生物量、酶活性显著增加，促进土壤难溶性矿物质养分的释放。同时，某些微生物能产生植物激素，从而促进作物生长，有些真菌还能分解土壤中的有机物质，释放出糖类，促进固氮菌的生长，进一步提高土壤养分的有效性，而随着有益微生物的增加，还有拮抗病原生物的作用（其可分泌多种抗生素、杀虫物质及植物生长激素）。此外，由于有机物的矿化作用，可在土壤中产生大量的 CO_2，也增加了土壤的保温性能，同时土壤保肥、保水性能也得到加强。葛均青等研究认为，微生物肥料施入土壤后能活化土壤养分，改善植物营养环境或产生生理活性物质，刺激调节植物生长，具有低投入、高产出、高效益和无污染等特点。

综上可以看出，微生物肥料的作用具有综合性。最主要的功能是它能增加土壤肥力，提高植物对土壤中营养元素的利用率。

微生物本身一般无毒害作用，不污染环境，同时，施用微生物肥料如固氮类生物肥料，不仅可适当减少化学肥料的施用量，而且其所固定的氮素可直接贮存在生物体内，相对而言，对环境污染的概率也就小得多。

化肥的使用量减少，就减少了其对土壤养分、结构等方面的不良影响，还能够减少土壤营养流失和富营养化的情况，同时又使微生物的活动能力得到增强，还可以实现固体废弃物的资源化堆肥，实现可持续发展。

8. 农业综合服务云平台建设工程（图 6–25）

建设目标：为昆玉市农业信息化提供集推广、物流、客服于一体的服务平台；实现昆玉市农业生产过程的自动化、管理方式的网络化、决策支持的智能化；从而提升农业生产、经营、管理、决策的效率和水平；实现生产全过程可追溯、为昆玉市农业信息化、现代化发展提供信息支撑。

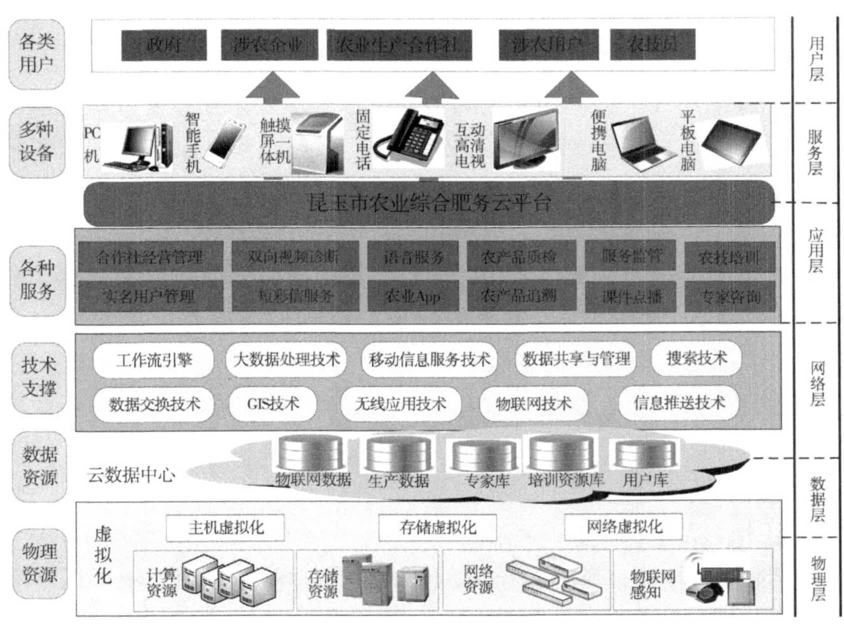

图 6–25　综合服务云平台组织

建设内容：利用现代化的计算机网络技术与先进的通信手段，通过信息资源的深入开发和广泛应用，在平台即服务、基础设施即服务的基础上，研究构建昆玉市农业综合服务云平台。平台通过对二二四团现有的多个业务系统的数据融合，将现有的业务系统整合进平台中，并为所有业务系统提供统一的数据基础。通过基础平台建设、多个应用系统建设、门户网站建设和服务体系建设等，实现昆玉市农业综合服务的高效管理和协同运作。

技术方案：从物理层、数据层、网络层、应用层、服务层和用户层对该云平台的建设进行了统一规划。

（1）在硬件层面上，通过购置相应的存储设备，利用主机虚拟化、存储虚拟化和网络虚拟化，构建云平台统一的虚拟存储环境。

（2）在数据层面上，通过数据融合和数据自建构建一个汇集昆玉市所有农业生产数据、环境信息数据和培训资源等的云数据中心，形成一个统一的数据资源。

（3）在网络层面上，应用多种网络，构建稳定安全的网络环境，预留多种接口方便平台扩展。综合应用工作流引擎、大数据处理技术、移动信息服务技术、数据共享与管理技术、搜索技术、数据交换技术、GIS 技术、无线应用技术、物联网技术和信息推送技术等作为技术支撑。

（4）在应用层面上，利用先进的信息技术实现合作社经营管理、双向视频诊断、语音服务、农产品追溯、农产品质检、服务监管、农技培训、实名用户管理、短彩信服务、农业 App、课件点播、专家咨询等丰富多样的涉农信息服务。

（5）在服务层面上，灵活应用台式机、智能手机、固定电话、互动高清屏幕等多种设备，通过多个应用系统的建设，向昆玉市的各类涉农用户提供方便、快捷、灵活的农业综合信息服务。

（6）在用户层面上，昆玉市农业综合服务云平台的用户主要包括政府、涉农企业、农业生产合作社、涉农用户和基础农技培训人员等。

建设地点：昆玉市。

建设主体：昆玉市农业相关部门。

建设期限：1 年（以硬件基础设施建设为主。新的应用系统可以不断地集成到平台中，则没有相关的年限限制）。

投入产出估算：平台的投入与云平台存储资源的容量成正比，单个应用系统的建设成本另计。以 300T 容量为例，建设成本约为 750 万元。

9. 新型职业农民培训工程

建设目标：通过灵活多样的培训手段与方式，在昆玉市培育出一批本土的、具备一定生产技能的农业从业人员。提高昆玉市农垦区文化水准、人口素质，促进精神文明建设，提升规划区的知名度和美誉度。

建设内容：新型职业农民是指具有科学文化素质、掌握现代农业生产技能、具备一定经营管理能力，以农业生产、经营或服务作为主要职业，以农业收入作为主要生活来源，居住在农村或集镇的农业从业人员。利用信息化技术及便携多媒体设备，提高现有的培训质量，丰富培训手段，实现个性化、定制化的培训，根据生产实际实现双语培训和培训内容定制。

技术方案：

（1）昆玉市网络教育培训平台建设　建设昆玉市网络教育培训平台并将其集成到昆玉市农业综合服务云平台中。该教育培训平台主要实现了培训资源的直播点播、农业专家的远程双向视频咨询诊断以及在线的农业信息咨询服务。服务的内容涵盖了新型农民素质培训、农技培训、经营管理培训等。培训的方式有课件点播学习、远程视频直播、电子书浏览、专家视频通话、语音咨询等。主要针对昆玉市的特色农业，发掘丝绸之路底蕴，融入维吾尔族文化。

（2）昆玉市基层培训站点布局与建设　根据农业生产需要，利用多功能机顶盒在昆玉市建设多个、分布的基础培训站点，合理布局以实现昆玉市地区站点网络全覆盖。多功能机顶盒具有网络接口和高清数字接口，能够同时接入电视机和互联网，同时可根据用户需要内置相应的多媒体培训资源。用户打开电视机就能浏览、点播相应的农技培训资源，进行自助学习与观看。而管理人员通过机顶盒的后台，能够实时了解多个站点培训资源的使用情况，并对各个站点机顶盒的学习时长、兴趣爱好、点播次数等进行统计分析，进而可以根据用户需要调整内置资源的内容，推荐用户感兴趣的培训资源。利用该站点网络也可开展基层党员的远程教育，实现教育培训“入户随人”。还可以及时发布相应的公告、消息信息，实现“一端更新，多点发布”（图6-26）。

（3）昆玉市教育培训数字资源建设　依托北京市农林科学院农业科技信息研究所丰富的农业教育培训数字资源，根据昆玉市农业的实际需要，通过导入和采购的方式构建昆玉市教育培训数字资源，具体形式包括数据库、视频资源与动漫资源。挑选、定制相应的农技培训资源，根据需要实现部分数字资源的维语化，制作新的数字培训资源。

图 6-26　视频培训实例展示

农业科技信息数据库方面，包含农业自然环境资源库、种植科学库、养殖科学库、农业生产资料库、农业政策法规与标准库和农业成果与专利库等。科普动漫和视频资源方面，主要包含科技成果、农技培训、农业科普、实用技术等相关内容的资源。信息所利用自身优势为还提供畜禽养殖、职业技能、医疗卫生、信息技术、科普知识、理论学习、休闲娱乐等视频资源（图 6-27）。

图 6-27　农业科技信息数据库主要内容

建设地点：昆玉市。

建设主体：昆玉市农业相关部门。

建设期限：3 年。

投入产出估算：新型职业农民培训工程的建设费用，因培训范围、基层站点个数、数字资源数量而异，具体费用根据实际需求量另行核算。

10. 电子商务与农产品线上营销工程

建设目标：实现昆玉市特色农产品的线上销售，提高销售量使农户增收，提升红枣价值，实现农产品“优质优价”。

建设内容：通过构建昆玉市特色农产品电商平台、加盟智农宝电商平台以及打造昆玉市农产品微商城实现多种途径的线上营销，提升昆玉市农产品的口碑，打开市场，拓展销路。

技术方案：

（1）昆玉市特色农产品电子商务平台建设　通过建设昆玉市特色农产品电子商务平台，以线下线上相结合的 O2O 电子商务模式，把互联网与生产基地对接，实现互联网落地。使消费者通过电商平台能直接从生产者那买到昆玉市的特色农产品。与此同时，在普通销售模式上探索预售、团购、订单销售模式。逐步实现主打农产品（红枣、生猪、蛋鸡）的品牌营销，实现真正的优质优价。逐步完善线上的经营体系，建立较完善的销售体系。

（2）加盟智农宝电商平台　智农宝电商平台是北京市农林科学院农业经济与信息研究所创办的以高品质的绿色农产品、蜂授粉农产品及蜂产品为主打的网购商城。“智农宝”整合北京市农林科学院的优势资源，为企业提供全方位的信息化服务，为消费者提供高品质的农产品。“智农宝”以线上线下相结合的 O2O 电子商务模式，把互联网与体验店、体验基地对接，实现互联网落地。通过将昆玉市特色农产品及基地入驻智农宝电商平台，在智农宝平台展示和宣传昆玉市的高品质农产品和优质生产基地（图 6-28）。

（3）打造农产品微商城　通过微信平台的便捷性打造农产品微商城，利用社交网络媒体开展农产品的口碑营销。

建设地点：昆玉市。

建设主体：昆玉市的农业生产基地。

建设期限：1 年（主要是平台的建设期，平台的运维与营销是个长期工程）。

投入产出估算：60 万元（平台的建设费用，运维与营销费用另计）。

11. 特色农产品质量追溯体系建设工程

建设目标：利用多种信息技术实现昆玉市特色农产品的质量追溯，确保农

图 6-28　智农宝电商平台页面

产品的质量安全，真正实现农产品的优质优价，实现昆玉市特色农产品的全覆盖。

建设内容：昆玉市特色农产品质量追溯体系主要是通过网站、触摸屏一体机和智能手机 App 等形式实现对昆玉市特色农产品的在线质量追溯与查询。

技术方案：

（1）质量溯源网站建设　用户在该网站输入昆玉市特色农产品的追溯码和条码信息，即可以在网站中查询到该农产品的详细信息。网站还将为用户提供昆玉市特色农产品的市场行情信息、供求信息、栽培技术指导、农技支持等信息服务，全面服务昆玉市特色农产品的产业发展与技术升级。

（2）质量溯源触摸屏一体机系统建设　通过该触摸屏一体机系统，用户可以直接对所购买的昆玉市特色农产品进行扫码追溯。系统同时支持条形码和二维码的信息扫描追溯，也支持触摸屏的信息输入追溯。此外，该触摸屏一体机将内置丰富的科普、培训和报刊资源，方便用户的点阅和学习。质量溯源触摸屏一体机可部署于示范园区的多个服务点，为就近的用户提供便利、高效的质量追溯服务（图 6-29）。

（3）质量溯源智能手机 App 系统建设　该 App 支持安卓系统的所有智能手机。用户只要用手机扫描昆玉市特色农产品的追溯二维码，就可以利用 App 实时、快速追溯该农产品的相关信息。同时 App 系统用户还可以通过智能手机随时随地了解农业动态、农业技术、供求信息、专家在线、农资监管、市场行情、信息采集、便民服务等相关信息，查询农业新闻热点，咨询农技问题，掌

图 6–29　质量溯源触屏设备

握农产品市场行情，追踪农产品溯源，帮助用户更好地体验“移动农业”带来的便利。

建设地点：昆玉市。

建设主体：昆玉市的农业生产基地。

建设期限：1 年。

投入产出估算：65 万元。

12. 信息服务门户网站建设工程

建设目标：昆玉市信息服务门户网站将为涉农用户提供方方面面的信息服务，并实现整个昆玉市地区服务的全覆盖。

建设内容：整合昆玉市地区大量分散的农业信息资源，打造一个集合电子政务、信息发布、文化、旅游、新闻资讯、便民服务等服务的信息服务门户网站，为用户提供丰富的涉农信息服务。

技术方案：利用信息技术、互联网和无线网络技术，建设能够同时在计算机、平板电脑、触摸屏一体机和智能手机上展示的昆玉市信息服务门户网站。该网站拟建设的栏目包括：首页、昆玉概况、新闻资讯、供求信息、品种技术、价格行情、电子政务、农业问答、便民服务、资源点播、文化资讯、旅游信息、昆玉导航、科技资源、技能培训、项目合作、企业服务等。门户网站将全面展示整个昆玉市的面貌，用户可以通过虚拟浏览的方式了解昆玉市的空间布局。网站将为用户提供天气服务、生活服务等多种便民服务。此外，该门户网站将与昆玉市的行政办公网络相结合，为昆玉市民、企业提供更多、更便捷的服务通道。

建设地点：昆玉市。

建设主体：昆玉市政府。

建设期限：2 年。

投入产出估算：80 万元。

13. 文化科普休闲产业建设工程

建设目标：通过多种途径挖掘昆玉市的文化、旅游潜力，以科普和休闲农业的方式，多角度地宣传昆玉，带动新的产业增长，实现“产城融合”。增加旅游人数，从而带动规划区旅游经济的发展。

建设内容：建设“和田枣”科普教育示范基地，制作昆玉市文化宣传新媒体数字资源，建设多个昆玉市休闲农业园区。

技术方案：

（1）“和田枣”科普教育示范基地建设　依托“二二四团红枣双创园”和“现代农业示范基地”建设“和田枣”科普教育示范基地。通过划分多个科普功能区，利用 2D/3D 动画、720 度虚拟漫游、虚拟现实 VR、智能交互等信息化技术，采用科普影视片、科普微视频、科普动画、科普游戏、智能终端数字杂志。直观、生动地展示红枣文化、“和田枣”的优良品质。定期开展系列科普教育活动。

（2）制作昆玉市文化宣传新媒体数字资源　挖掘昆玉市的历史背景、文化底蕴，承载农垦精神、兵团文化，创作多种形式的昆玉市文化宣传新媒体数字资源。通过影视宣传片、微视频、智能终端数字杂志等对昆玉市进行立体化、多途径的宣传。

制作园区规划宣传片，实现规划的效果展示，包括规划图、展示动画及相关可视化工作；通过调研昆玉市的现状、人文背景，将已有实景视频、调研视频与设计成图进行衔接，利用模型动画展示规划效果，同时，进行配乐、维语翻译、字幕等的处理。

（3）昆玉市休闲农业园区建设　依托现有种养基地，在昆玉市内建设一两个休闲农业示范园区，利用数字化创意，让休闲农业更精彩！跨界融合数字视觉、数字影音、人机交互、虚拟现实等现代化数字影像技术，现实科技体验与虚拟科技体验有机结合，为传统的农业休闲观光增添科技的色彩、创意的元素和幻想的空间，赋予农业休闲以互动娱乐特征，实现休闲农业与旅游、教育、娱乐等产业的交汇，促进实现三大产业融合，延伸产业链，促进休闲农业可持续发展。实现园区的 720 度全景展示。

农业观光园将有效改善自然生态环境，规划区内土地荒漠化将得到有效地治理，土壤盐渍化问题得到解决，土地的有机含量提高，土壤肥力逐步提升，滋生能力得到恢复，使得作物能促苗，届时在园区的景观打造上和植物管理上，工作将不再烦琐。随着生态环境的好转，植物的有效存活，园区内郁闭度提高，地下水储存量将逐步提升。园区内达到生态种植园建设、经济发展和环境质量基本平衡，各项环境质量指标原则上达到规划区相关的要求。中远期将达到生态环境良性发展，实现生态资源永续利用。

建设地点：昆玉市。

建设主体：昆玉市政府。

建设期限：2 年。

投入产出估算：200 万元。（旅游及科普收入因实际接待人数而定）

八、品牌体系建设与营销策略

（一）品牌体系建设

1. 品牌创建

农产品品牌就是竞争力，是推进农产品品牌建设在贯彻落实科学发展观，促进传统农业向现代农业转变的重要手段，是新时期发展现代农业面临的重大任务，是农产品实现市场价值的重要保证，对于提高农产品的知名度和附加值，增加农民收入，促进现代农业发展有重要的现实意义。农产品品牌在实践领域中有不同的形式，如农业企业品牌（产品品牌）、农业行业品牌、农业区域品牌等。

目前，规划区农产品品牌建设问题主要集中在农产品精深加工能力不足、地理标志农产品品牌数量少及产值低、个别区域品牌建设主体发育不足、行业协会发展落后等一系列问题，造成了目前规划区农产品的品牌较少，即品牌化程度较低的总体情况。综上所述，规划区应按照“整合资源、强化培育、扶优扶强”的思路，统筹制定规划区农产品品牌培育发展规划，探讨农产品品牌架构与组合战略。

规划区农产品品牌架构与组合既要考虑产品的组合，又要考虑品牌的组合，二者缺一不可。结合区域农业特征，本规划提出了规划区农产品品牌架构思路（图 6-30）。

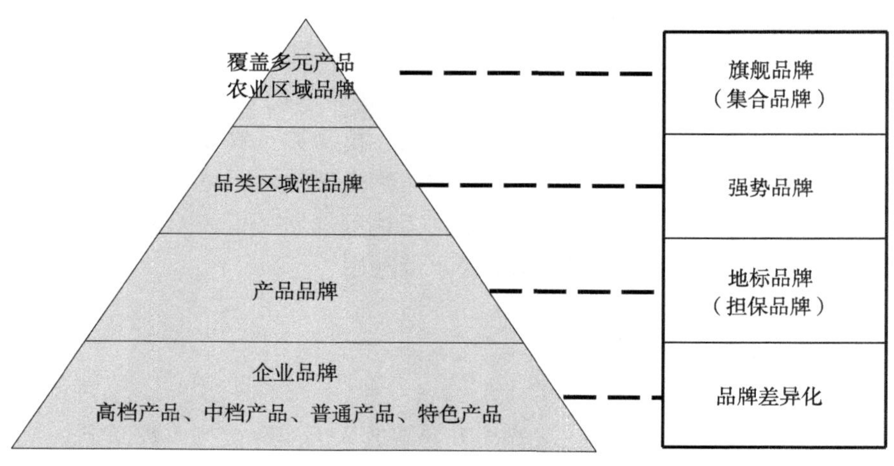

图 6-30　农产品品牌架构

第一层应是覆盖多元产品的农业区域品牌，涵盖规划区自然风貌特征与区域农业生产特征的自治区级集合品牌，昆玉市农业资源丰饶，可充分利用地域特色，作为整个品牌架构的旗舰品牌。

第二层应是品类区域性品牌，如红枣等特色品种分类集中做成相应的强势品牌，形成旗帜性品类区域品牌，便于消费市场识别，形成品类集合竞争优势。

第三层应是产品品牌，主要为地理标志商标，反映农产品生产的最佳区域特性，为产品提供可信度和产品指导，承担质量担保品牌的角色。

第四层应是企业品牌，是具体生产经营者的标识，可以根据企业认证级别将产品分为有机产品、绿色产品等，从而体现产品的高、中、低端的差异性，作为品牌差异化的工具使用。

建设以“沙漠红”为主的生态旅游特色品牌。品牌建设的核心就是让品牌的良好形象深深刻在消费者心里，从而提升产品的知名度。

本规划建立以“沙漠红”为核心的生态观光品牌体系，形成以“沙漠红”为主题的 Logo 设计。可公开征集该区域的 Logo 设计方案（举办 Logo 征集大赛），一方面，可充分利用优秀设计方案，形成自己独特的品牌标识；另一方面，通过举办征集大赛，在无形之中起到宣传昆玉市二二四团的作用，提升昆玉市的知名度。

2. 品牌管理

规划区农产品品牌形成后，对品牌进行管理及品牌形象的提升将是一个重点。因而不仅需要企业、合作组织和行业协会对区域品牌进行建设和管理，还需要规划区所属地方政府和兵团的介入，由其监督企业的行为。一是对品牌进行商标注册，使其具有合法身份，受到法律保护。二是建立品牌的使用许可制度。特别是需要使用区域品牌者，必须向区域品牌的管理者申请，经过对申请者的产品进行质量检测认证，产品合格者方可许可其使用区域品牌。同时，要利用法律手段防止外来企业侵占或共享区域品牌，对滥用品牌的企业加大处罚力度。三是采用现代媒体的技术手段，对品牌进行广告宣传和整体形象塑造，通过策划和开展一系列的市场推广活动来提高品牌知名度和品牌认知度，如由政府或兵团组织牵头举办各种形式的农博会、农展会，兴办观光农业、休闲农业等。

3. 红枣品牌市场管理

根据四大途径，从研发价值、市场管理到品牌质量，多元化打造依托师团的特色红枣市场。研发出一些生产成本合理、品种多样化、市场竞争力强的产品。同时做好新产品的理论支持，与国内知名的科研单位或者高校合作，做好红枣营养基础理论研究。完善设备，引进人才，建立专门的研发中心，打造一流的研发团队。并把品牌建设作为今后的发展重点，不断加大投入，深挖品牌内涵。扩大品牌推广力度，多层次、多角度做好品牌建设工作。

建设途径一：红枣价值提升

通过资金投入和重点建设项目带动，引导龙头企业积极开发高端产品，逐步把加工重点转移到高附加值、高科技含量的园艺加工产品上来，提高特色园艺产品的精深加工率。传承中华五千年文化，将传统医术药典中的红枣产品，诸如红枣补益粥、五枣汤等产品现代化、产业化，同时积极引进精深加工研发团队开发红枣粉、红枣复合功能饮料、红枣香精、红枣多糖、红枣挥发油、红枣红色素等高科技新型产品，并带动扶持包装、保鲜、运输等相关产业的发展，多样化包括用途、大小、颜色、风味、成熟期、加工性能等，高档化则表现在外观品质和内在品质两个方面，从而达到附加值的多元开发。

建设途径二：品牌化销路细分

结合产品营销策略。进行品牌销售细分。对市场进行细分，生产适销对路的多样化的优良品种，可以在不增加甚至减少投入的情况下，全面提高红枣品牌附加值（图 6-31）。

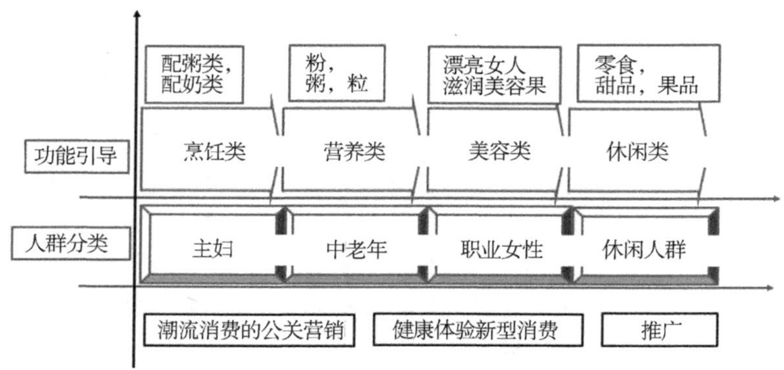

图 6–31　产品营销策略

建设途径三：拓展市场管理营销模式

对红枣市场有可能出现的不利情况，各地农户是最敏锐的感知者，兵团优势在于大规模种植可以自主组织各种销售活动以突破市场问题。同时龙头企业外接国内外市场，内联千千万万农户，具有引导生产、深化加工、开拓市场和搞好服务的综合功能，是发展农业产业化经营的引擎。而依托兵团建立兵团领导的龙头企业带动型组成“兵团+基地+枣农”或“连队+公司+枣农”的模式，能够极大稳定集散市场的秩序，加大市场竞争力以及销售渠道。兵团极大的凝聚力可以通过超常规的发展模式，打造一批具有市场影响力和竞争力的龙头企业，使之成为地区红枣产业发展的带头人和市场标兵，立足实际出，采取订单生产、农村合作社或股份制、合作制的形式，与枣农建立兵团组织领导的市场中心是当前的最优市场销售模式，做到按订单组织生产，从而形成原料供给有保障、加工产品有销路，以“龙头企业”打造公平合理的利益联结，从而带动本土红枣企业做强做大（图 6–32）。

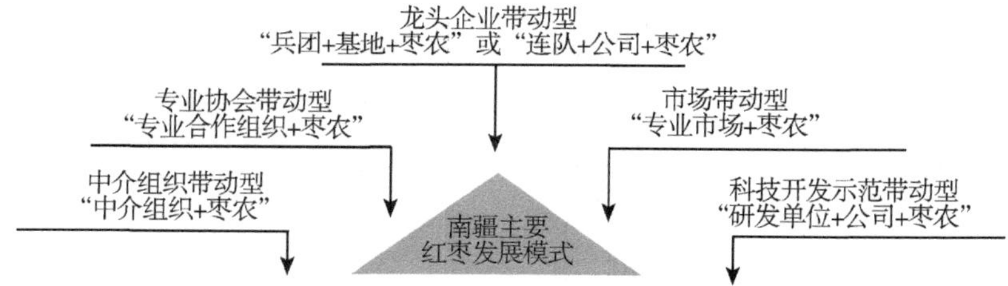

图 6–32　南疆主要红枣发展模式

建设途径四：信息化带动红枣品牌建设

"互联网+"的时代，信息资源是关系产品能否顺利进入市场的必备环节，信息服务应该渗透到产业的各个环节和相关领域，包括科技、产品、生产基地、生产资料、专家、厂商、政策信息、文化历史等全方位的服务。建立信息化全产业链，在生产上物联网设施建设，在物流上信息链条保障，在销售上集散市场+电商供销，在品牌上溯源保障品牌价值（图 6-33）。

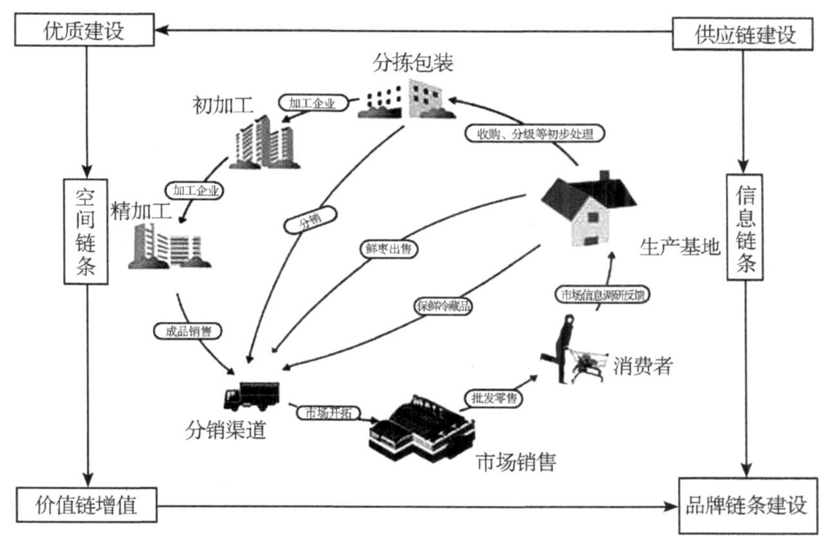

图 6-33　信息化产业链

最终通过多种手段保障品牌优势，避免冒用或乱用和田枣品牌扰乱市场，打造高端红枣消费品位。

商标注册：注册商标，精心设计包装，制定了质量三级认定标准，申报认证。

信息化链条：实现全链条可追溯信息化监管。

合作产销：组建或与合作社、企业合作，积极推行订单农业，形成"公司+农户"的经营机制，加强龙头产业建设。

品牌附加值：不断提高红枣的品牌附加值，推进产品绿色化。

规划先行：制定切实可行的发展纲要规划。

法律认证：证明商标受法律保护，保障品牌质量。

信用体系：建立溯源平台；整合农业资源体系，打造信息服务门户体系。

消费品位：产品创新以拓宽市场符合消费者不断变化而消费观。

（二）营销策略

1. 产品营销策略

积极拓宽销售网络，使用多种销售路径，改变原来单一的销售模式，与城市内规模较大的商超合作，建立自己的品牌形象店、专营店，增加消费者对产品的品牌认知度，同时要注重网络销售，与国内知名的电商合作。其最终要求及目的就是，用最适宜的产品，以最适宜的价格，用最适当的促销办法及销售网络，满足目标市场的消费者的需求，以取得最佳的信誉及最好的经济效益。规划区依托红枣产品和双创示范园，生产的农产品将具有广阔的市场。

（1）依靠技术以生态的观念谋划产品优势　农产品市场的竞争首先是质量的竞争。规划区的特色农产品由于差异性和稀缺性导致它的唯一性和不可复制，要把资源优势转化为市场优势和经济优势，就必须用生态的理念规划农产品产业运作中每个环节，在生产、加工、包装、运输、储存等各个环节突出绿色、自然、安全、优质、新鲜。此外，规划区的特色农产品包装也要体现区域特色和标准化。

（2）注册集体商标以推进区域品牌建设　规划区农产品品牌建设的途径应该是由地方政府或是兵团做后盾，由企业或合作组织做主体，以区域特色产业为基础，集中人力、物力、财力，实施示范基地的农产品品牌工程。同时，加强企业与科研单位的合作，开发高科技产品，通过校企、科企合作，完善生产工艺，拓展高新产品应用领域，提高产品的科技含量，争创驰名、著名商标。

（3）针对消费者的不同需求实行差异化营销　由于消费者的需求具有层次性和差异性，只有精准地找到目标顾客，才能有的放矢地实施策略。根据消费群体的地域差异、收入状况、生活方式、价值观念、对农产品的认知度等消费基础，确定规划区农产品的目标市场，开发出各种定价的农产品及品种多样的加工农产品，用以满足多种消费地区及消费群体的需要。

2. 渠道营销策略

（1）推进农产品的超市经营和连锁经营　规模化、集约化、连锁化的超市、连锁店经营有利于满足消费者需求，有利于推进对农产品质量的全程监控，而且在环境保护与税收等方面也具有较强的优势。作为超市经营的一种组织形式，连锁经营在大量集中采购、配送方面有极大的优越性，能够与工业生产企业、农副产品基地直接挂钩，统一进货，规模经营，有利于降低进货成本，增强企业竞争能力。比如通过企业或合作社与外地商场、大型超市、各地方收购商合作，建立供销关系。

（2）建立农产品营销管理中心　根据规划区实际情况，企业投资组建农产品展示展销中心。由政府或兵团负责牵线搭桥，提供各类服务；由企业负责落实所有经营业务。针对市场开拓与调研、组织参加会展等进行综合的协调、管理与指导。同时配套建设企业化运作的农产品展示展销中心、营销管理中心的各项职能，通过展销中心这个载体完成。这种方式不仅解决规划区农产品销售的问题，也为生产性农业向经营性农业的转变奠定了基础。

（3）开发农产品物联网营销平台　推动农产品营销的信息化、规模化和数字化发展。现实的农产品直营店和虚拟的网络营销有机结合在一起，加上数字化的信息处理系统，建立起农产品以店面展示带动数字营销、以数字营销带动店面销售的双赢模式，对减少中间环节，加快流通速度，实现生产企业与消费者的“点对点”交易，达到利益和效率的双重优化。

运用先进的电子商务技术，建立起了完善和规范的交易结算体系、仓储物流交割体系、信息发布体系、质量安全体系和服务中心体系，采用多种交易模式，以遍布全国的农产品批发市场为衔接点，以各地的超市、农贸市场为落脚点，实现农产品贸易的多层次、多种类、多规模。同时也有助于促进以销定产，推行订单农业。

（4）节庆展览营销　通过节庆活动和大型展销会、博览会的策划和实施，有效挖掘示范基地的资源优势，发挥区域合作优势，跨地区的节庆活动，形成区域农林业发展规模效益与整体推广效益，提升规划区的整体知名度。

可以定期或不定期开展各种类型的主题活动，并采取优惠措施，增加规划区的吸引力，对规划区起到很好的宣传、促销作用。各种节庆展览活动要深入挖掘文化内涵，内容不断创新，并逐渐实现品牌化和系列化，以此吸引更多消费者，增强规划区的持久魅力。

3. 促销营销策略

（1）以体验营销提升农产品品牌价值　体验营销是企业通过采用让顾客观

摩、聆听、尝试、试用等方式，使其亲身体验企业提供的产品或服务，让顾客实际感知产品或服务的品质或性能，从而促使顾客认知、喜好并购买的一种营销方式。这种方式以满足消费者的体验需求为目标，以服务产品为平台，以有形产品为载体，生产、经营高质量农产品，拉近公司和消费者之间的距离，包括知觉体验、思维体验、行为体验、情感体验、相关体验等形式。农产品体验营销可以通过营造浓郁民族地区风情、举办美食体验活动、农业休闲和娱乐等形式，使消费者获得良好的体验，加深对特色农产品的印象和好感，刺激顾客的购买欲望。

（2）以整合营销传播提升农产品品牌传播效率　规划区建立全面的消费者数据库和信息数据库，通过运用各种调研方法，结合现代化的技术手段和统计原理，全面收集和整理相关市场数据信息和消费目标群体资料，形成完整的、系统的数据库，为市场定位、产品定价及产品宣传等活动的开展奠定坚实的信息基础。凡是涉及农产品的生产、流通、销售方方面面的环节，包括种植一线、批发零售市场、销售网点、超市柜台、销售人员、交易中心等都要进行全方位的管理，根据不同地区、不同特色的农产品做好分类传播，提高传播的效率和力度，塑造良好的品牌形象。将市场细分为多个小市场，并针对不同的市场采用不同的促销手段，城镇市场走农产品商品品牌化道路，农村市场采用口碑加商品化营销模式。

（3）以关系营销营造农产品营销良好的发展环境　关系营销是把营销活动看成是一个企业与消费者、供应商、分销商、竞争者及其他公众发生互动作用的过程，其核心是建立和发展与这些公众的良好关系，重点关注企业建立与利益相关者的长期合作关系，使双方在维系关系的过程中各自获得利益的满足。农产品的关系营销，一是借助完善的信息管理系统，优化农产品供应链管理，为供应链合作伙伴提供更大的价值；二是创建与公众的良好的合作关系，热心公益事业，承担社会责任，树立企业良好的形象；三是积极利用当地政府或兵团的力量，获得在宣传和推广上的支持，通过地域间合作帮扶政策，得到资金、技术、人才、市场的引进，使得农产品市场得到有效发展。

（4）以推广营销提高农产品品牌认知度　设计规划区的广告和形象标识，并制作成应用符号系统，在营销宣传册、形象宣传片、网站介绍、信息中心、旅游纪念品等与旅游相关的地方反复应用，使规划区的品牌和形象强化推出。建立示范基地的网站，并与主要搜索网站、专业网站建立合作关系，让规划区在网上最大限度地曝光，吸引更多的关注，从而提高消费者对示范基地农产品的认可度及品牌认知度。

九、进度安排

（一）总体进度

实施起止时间：2016—2026 年。

近期工程建设为 2016—2019 年：完成规划区主路及主要基础设施建设，规划出各工程项目建设用地，对现有设施进行修缮、维护、改造，对新建项目进行计划、初步设计，破土动工。

中期工程建设为 2020—2023 年：完成所有基础设施，按计划推进项目建设，完成小型项目建设。

远期工程建设为 2024—2026 年：完成大型项目的收尾，扩大产业规模、提高产业质量。

（二）具体工程建设进度

1. 生态种植示范工程

建设进度在近期建设中，完成工程的 50%；在中期建设中，完成全部工程，并通过验收。

2. 生态养殖示范工程

建设进度在近期建设中，完成工程的 35%；在中期建设中，完成全部工程，并通过验收。

3. 生态休闲养生工程

建设进度在近期建设中，完成工程的 45%；在中期建设中，完成全部工程，并通过验收。

4. 产业支撑体系工程

建设进度在近期建设中，完成工程的 25%；在中期建设中，完成工程的 85%；在远期建设中，完成全部工程，并通过验收。

具体工程建设进展表 6-11 所示。

表 6-11　工程进展情况

片　区	项　目	推进进度
一个龙头	红枣提质增效项目	5 年
	利用残次红枣研发畜禽保健饲料或饲料添加剂	3 年
	全元素为生物菌肥种植	技术类
八个支撑	沙产业博物馆	待研讨对接
	红枣康体养生园	待研讨对接
	民族文化村	待研讨对接
	红枣博物馆	待研讨对接
	农民培训学校	3 年
	特色林果种植体验园	待研讨对接
	红枣 DIY 体验园	待研讨对接
	农业科普园区	2 年
一个示范基地	一心两轴三区	
多个园区	耐阴抗旱小麦新品种筛选项目	6 年
	优质苗木繁育项目	3 年
	安心韭菜栽培系统	技术类
	青贮玉米种植与加工项目	10 年
	紫花苜蓿种植与加工项目	10 年
	果树高效栽培模式	3 年
	鸽子养殖园	待研讨对接
	北京油鸡引进	1 年
	20 万只蛋鸡标准化养殖小区	
	农家乐	待研讨对接
	有机水肥一体化管理系统	5~7 个月
	分布式作物水肥综合管理技术	6~8 个月
	果蔬保鲜库及加工车间	1 年
	特色农产品追溯体系	1 年
	农业综合云服务平台	1 年
	电子商务与农产品线上营销	1 年
	信息服务门户网站	2 年
	鲜美采摘园	
	沙地（国际）赛场	
	特色经济作物种植项目	
	金沙碧水亭	
	亲耕文化园	
	骑驼漫步	
	生物质循环再利用技术体系	3~5 个月

十、投资估算与效益分析

（一）投资估算

新疆兵团第十四师昆玉市北京现代高新农业示范区（2016—2026 年）总投资为 39 137 万元。具体工程项目投资估算如表 6-12 所示。

表 6-12 新疆兵团第十四师昆玉市北京现代高新农业示范区投资估算

工程项目	建设内容	投资	小计
生态种植示范工程	抗病、优质、高产蔬菜新品种引进与示范	500 万元	22 859 万元
	封闭式循环生态槽培无土栽培技术	80 万元	
	安心韭菜栽培系统	9 万元	
	紫花苜蓿种植与收获加工技术示范	240 万元	
	青贮玉米种植与收获加工技术示范	190 万元	
	耐阴抗旱小麦新品种筛选与林下高效种植模式研示范	500 万元	
	主要果树优质苗木繁育基地建设项目	4 840 万元	
	果树优良新品种引进和现代高效栽培模式建设项目	14 000 万元	
	特色经济作物种植示范项目	2 500 万元	
生态养殖示范工程	北京油鸡品种引进及规模化健康养殖试验示范	138 万元	2 663 万元
	20 万只蛋鸡标准化养殖小区建设项目	770 万元	
	鸽子的项目	1 150 万元	
	养羊的项目	258 万元	
	养猪的项目	347 万元	
生态休闲养生工程	沙地比赛场	600 万元	7 080 万元
	骑驼漫步	800 万元	
	高端沙产业博物馆	1 500 万元	
	农家乐	800 万元	
	金沙碧水亭	100 万元	
	采摘园	350 万元	
	农耕文化园	130 万元	
	红枣养生园	1 000 万元	
	红枣博物馆	1 200 万元	
	红枣 DIY 加工体验园	600 万元	

（续表）

工程项目	建设内容	投资	小计
产业支撑体系工程	果蔬保鲜库及加工车间建设	800 万元	6 535 万元
	红枣提质增效项目	3 200 万元	
	利用残次红枣研发畜禽保健饲料或饲料添加剂	80 万元	
	分布式作物水肥综合管理系统	180 万元	
	有机栽培水肥一体化管理系统	160 万元	
	生物质循环再利用技术体系	330 万元	
	全元素微生物菌肥种植	30 万元	
	农业综合服务云平台建设工程	750 万元	
	新型职业农民培训工程	600 万元	
	电子商务与农产品线上营销工程	60 万元	
	特色农产品质量追溯体系建设工程	65 万元	
	信息服务门户网站建设工程	80 万元	
	文化科普休闲产业建设工程	200 万元	
总　计			39 137 万元

（二）效益分析

1. 经济效益分析

达产之后时，“生态种植示范工程”“生态养殖示范工程”“生态休闲养生工程”三大工程协同发展，产生很强的经济联动效应，提高农业产值并逐步增加周边相关产业发展，达成一二三产业融合共建。规划区的整体建设将会带来较高的投资回报，在提高地方税收的同时，通过政府、兵团的积极鼓励与财政投入，将会极大带动连队以及农户的生产意愿，收入增幅可达25%以上。

2. 社会效益分析

（1）加快科技成果转化　规划实施建成以后，将北京市农林科学院的新品种、新技术及时地通过展示区向外界进行展示，估计每年将有3~4项新品种和新技术向外展示，使其他涉农企业及农户第一时间了解农业发展的最新信息，并且将新品种与新技术尽快地应用到农业生产中去，提高农业生产的科技含量。

（2）增加周边农户收入　规划实施建成以后，通过规划区的示范功能，不断地对外界产生影响，将极大地提高当地的知名度，带动周边的农户积极参与农业生产，同时农户在农业生产过程中，也将从中得到农业生产带来的实惠，增加自身收入，收入增幅可达 25%以上。

（3）扩大就业范围 规划实施建设与发展，需要管理人员、技术人员、生产工人、接待人员等，同时基础设施、景观等的维护也需要从业人员，这样可以就近招聘当地的村民或吸引外来务工人员，有效吸纳周边的闲散劳动力或外地劳动力 200 人次，对社会稳定也起到了一定的作用。

（4）指导与培训农户 规划实施建成以后，每年培训农民 2 000 人次，培育农民专业合作社 2~3 个。通过这些举措，可加快农业品种、技术的推广，提高农民农业技术素质，指导农户科学种植。

3. 生态效益分析

（1）规划区通过农田水利、道路的统一规划改造与综合治理，形成了农田标准化的新格局，不仅增加绿地覆盖率，美化了田园，优化了环境，还提高了区域内农田的综合生产能力和抗灾减灾能力。

（2）充分利用太阳能、风能等可再生能源，在规划区内应用太阳能路灯、太阳能发电、开展集雨工程、低碳建筑建设和改造，节约大量能源的同时，减少环境污染。

（3）从农业生产角度进行分析，耕地地力提升和水土流失治理，不仅增加耕地面积，同时提高耕地产量；通过循环农业的建设，实现有机肥循环利用从而增加经济效益，规划实施后，通过生态环境建设，每年也可增加经济效益。

（4）规划区农产品均按照绿色、有机的标准生产，满足人们对安全食品的需求，减少化肥、农药等对环境的污染，有利于农业可持续发展。

十一、环境评价与风险评估

（一）环境评价

1. 评价依据及标准

（1）评价的依据 《中华人民共和国环境保护法》

国务院第 253 号令《建设项目环境保护管理条件例》

HJ 19—2001《环境影响评价技术导则 生态影响》

（2）采用标准 按照 GB 3095—2012《环境空气质量标准》划分，本项目执行一类区二级标准

地表水执行国家用 GB 3838—2002《地表水环境质量标准》三类水域标准

地下水执行 GB/T 14848—2017《地下水质量标准》三类水质标准

废水排放执行国家 GB 8978—1996《污水综合排放标准》二级

土壤环境质量执行国家 GB 15618—2018《土壤环境质量　农用地土壤污染风险管控标准（试行）》二级

声环境质量执行 GB 3096—2008《声环境质量标准》I 类标准

《旅游规划通则》（GB/T 18971—2003）

2. 生态环境影响预测

（1）建设期的环境保护　本规划执行建设期间主要产生的环境污染包括如下。

①废气：施工期间的废气主要来自施工机械排放的内燃机尾气、运输车辆排放的尾气、铺路产生的沥青烟及地表覆盖层受破坏时或受破坏后引起的扬尘，其中以扬尘影响为主，其他废气量不大，影响不明显。

②废水：本项目施工期间会排放一定量的污水，污水直接排放会对当地的水环境造成污染影响，需加强管理。

③噪声：施工期是扬尘、噪声的高发期，平整土地、开挖管沟、铺设管网、修建道路、施工器械以及建筑材料运输，车辆马达声以及喇叭的喧闹声，建筑施工噪声的影响范围一般为 200 米以内的区域范围。本项目施工不会对周围敏感点产生影响，但仍建议严格控制施工场界噪声达标，采取低噪声的施工方案，夜间停止施工活动。

因此，项目建设期要采取相应的防治措施，保护环境。具体措施如下。

①施工废水应经沉淀池沉淀后上清液排放，堆泥干化后外运填埋。施工期间利用当地的生活设施，不得新增生活污水排放口。施工人员生活污水必须收集后交由当地环卫部门清运。

②加强工程施工期环保工作，合理选择沥青和灰土拌合地址，做到集中拌合，远离居民区，并落实沥青烟污染防治措施，确保达标，现场施工采用沥青拌和站预制沥青，进行路面铺设。在工程施工中运输料石、水泥等易产生扬尘的车辆须覆盖篷布，临时堆放的土石方、料场及临时道路等必要时应洒水。施工结束后应及时在道路上种植乔木、灌木等树木，预防水土流失，净化空气并美化环境。

③采用先进的施工工艺和低噪声设备，合理安排施工时间，采取必要的隔声降噪措施，确保施工噪声达到《建筑施工场界环境噪声排放标准》（GB

12523—2011）要求，按《中华人民共和国环境噪声污染防治法》的有关规定实行施工噪声申报和公告制度。

（2）运营期的环境保护　本项目建成后无工业“三废”污染，只有生活垃圾和生活污水，为保护项目区环境，项目区建立大型沼气池，利用沼气工程来分解项目区的生活垃圾，并可以解决项目区的生活用能。远期考虑就地建设生态化污水处理厂，采用生化处理技术——接触氧化法进行处理，使排水达到排放标准，用于各景区树木花草灌溉，解决生活污水处理问题。

（3）建成后的环境预测　农业本身具有生态功能，生态循环农业是一项保护和改善农村生态环境的绿色生态产业工程。项目区循环生态经济的实现有助于改善项目区和周边生态环境。因此只要严格执行以上施工期和运营期的规定，项目的建设不但不会对周边环境造成破坏，而且还能使周边的环境逐步得到改善。

项目建成后，使规划区的生产生活不仅不会对环境造成污染和破坏，还将在规划区内建立正反馈的生态系统，使规划区内生态环境向着良性的方向发展。

3. 资源利用评价

在本项目中，以资源的高效利用和循环利用为核心，以“减量化、再利用、资源化”为原则，以低消耗、低排放、高效率为目标。其效益体现在农业生产的不同环节上，将传统“资源—产品—废弃物”的线性生产方式转变为“资源—产品—废弃物—再生资源”的循环农业方式，最大限度地提高资源利用效率，实现经济、生态和社会效益的统一。

规划区大力发展农业节水建设，将配套大量的灌溉设施。根据灌水器的不同，可将微灌分为滴灌、微喷、小管出流、渗管等。应用灌溉技术可有效地节约农业用水，提高产量，增加效益。规划区将对区域内的农业系统配备完善的灌溉设施，既使用方便，省时省力，同时也起到了节水增效的目的。

发展设施农业，进行茬口调整，立体种植，节约土地资源、提高土地质量。设施农业能够充分利用太阳能，降低能耗。新增的设施，95%以上为节能型日光温室，提高了太阳能的利用效率。设施农业的温室、大棚的建筑系数为0.5，有一定的反射作用。尤其从产业集聚效应出发，它们将集中连片布局，每片不少于 50 栋。然而，针对上述内容，本规划要求居民区旁不建设施群，且片与片的距离不少于 1 千米，有人工绿地或农田将其隔离，因此不会形成明显的温室效应和光污染。

种养互动构成循环经济，做到零污染。新增优质农作物、林果的有机栽培，需要大量的优质有机肥。为满足它们的养分需要，通过定量分析、测算，在其附近区安排了相应规模的畜禽生产。这些禽粪将全部用于生产优质有机肥。因此，禽粪不但不会造成环境污染，而且通过肥料化，构成种养两业的良性循环，形成了循环经济。

集雨工程和节水工程的建设，不会显著增加水资源的消耗。温室、大棚全部集中连片建设，便于实施集雨工程；加之全部实施滴灌，因此虽然设施农业的规模增加较大，由于集雨工程和节水工程的实施，却不至于显著增加水资源的消耗。

（二）风险分析及规避

规划区的建设，将不可抗的自然风险排除，只考虑社会风险，主要的社会风险因素来自技术风险和管理风险。

1. 技术风险分析及规避

规划区的建设旨在推行高标准农产品，均为有机、绿色产品。风险在于若品种的栽培、繁育技术不过关，会造成失败，给经营造成损失；若病虫害防治技术不到位，会造成灾难性后果。

规避方法在于加强科技服务人员培训，壮大人员队伍，积极开展技术推广与服务。加强科技成果转化，规范技术要领。与周边村镇联合，组织建立农民技术骨干服务队，普及专业技术知识。建立健全科技示范网络，充分发挥科技人才带动、指导、研发作用。充分利用北京科技力量雄厚的优势，与农业科研院、校、所，建立长期技术合作关系，引进生产示范环节相关的关键技术和高新技术，采用“走出去”“请进来”等多种方式，具体有效地解决技术难题。

2. 管理风险分析及规避

在规划区建设过程中，管理工作贯穿始终。要求管理人员既精通现代管理理念，同时要具备农业基础知识。风险在于管理人员不熟悉农业生产，决策失误会造成风险；规章制度不健全，管理混乱、浪费大、漏洞大也会造成损失，甚至项目失败；管理不到位，目标责任制不健全、不清晰，经营管理不善，成本控制不好，会造成成本过高，产生亏损。

规避方法在于建立完善的规章制度和民主监督机制，实行目标责任制，实行民主决策、民主管理、民主监督。制定严格的奖惩制度和薪酬制度，有奖有罚。认真做好卫生防疫工作，制定严格的防疫制度，设置专门的技术人员，加强对从业人员的防疫知识和技术的培训。不断提高管理人员管理水平，实行最严格的成本控制手段，千方百计降低成本。

（三）社会稳定风险评估

本规划的建设是经过新疆生产建设兵团十四师评议通过的重点扶持项目，完全合理合法。

规划区的建设，分析了工程项目对生态影响的途径、方式、强度、时限和范围，从环保角度，制定了一整套工程污染防治措施和生态维护方案，是完全切实可行的。施工期对环境质量的影响主要为废气、噪声、废水及固体废弃物。废气及噪声采取一定的防治措施后，对周围环境影响轻微；废水经下渗或蒸发后，不会形成径流对地表水造成影响；由于施工中避免了大填大挖，尽量做到挖填平衡，弃渣量很小，工程弃渣连同生活垃圾一并运出基地外，按环卫部门要求妥善处置，因此，施工期不会对环境质量造成较大的影响。而营运期对环境质量的影响主要是噪声，通过采取相应的控制管理措施，不会影响周边的生产和生活状况，对环境质量产生的影响较小。

综上所述，本规划的建设社会稳定风险等级为低。

十二、项目组织与实施保障

（一）持久的人才保障

1. 加强从业人员的专业培训

兵团职工和外来农户是规划区农业生产的操作者和经营者，为提高规划区内农业生产的技术含量，应加大对其教育和培训力度。应按以人为本的科学发展观，实现两个“延伸”。一是由单纯的农业技术培训，延伸到从科技、人文、经营理念和认识、身心健康等领域进行全面教育；二是由几天、几周的短期培训，延伸至终身定期培训。

采用岗前培训、岗位培训、外派培训等方式提高经营管理人员的素质和从业人员的技能。培训工作要做到“经常化、制度化、严格化”。实行“先培训，后上岗”，“持证上岗”制度。行政管理部门可增设教育培训机构，扶持就业培训中心，加强师资队伍的建设，完善岗位培训制度。

教育培训的最终目的是提高种植户的文化素质、科学素养、经营和操作能力等。培训体制和形式宜多元化、多样化，采取定期进行擂台对决的形式等进行同类农产品的种植规模和种植技术比拼，对于成绩优异者进行适当的奖励和补贴，提高参与者的积极性。

2. 加强与国内外大专院校、研究机构的合作

加强与当地知名科研院所的合作与交流，有计划地定向培训农业生产管理人才；进一步密切北京与和田地区的合作关系，尤其与北京市农林科学院的专家加强合作与交流；合作邀请国内外知名专家、学者、规划师来前来讲学；选派一定数量的经营管理者到国外或国内著名学府培训、进修。

（二）高效的组织保障

在当地政府或兵团部门的组织和领导下，成立相应的建设管理机构，具体负责规划体系的编制、实施、资金筹措、项目招投标、施工建设和管理、检查验收、试运行等工作以及部门间、产业间的协调工作。

本规划的实施领导小组由二二四团成立。兵团的副团长任组长，组员由分别来自兵团下属的农业科、旅游科、水利科等涉农部门以及规划范围内涉及的8个连队和两个村子领导组成。下设招标、施工、资金、采购、运营、协调等工作小组，分别负责不同方面的工作。领导小组具体负责组织、协调、监督、检查和验收以及相关的日常工作。

由北京市农林科学院成员组成技术指导小组，负责规划实施过程中的技术问题，并及时向企业、合作社提供农产品育苗、选种、栽培及病虫害防治等全套的技术指导和培训，引进农产品加工、储藏、销售相关先进的管理理念，解决生产中的疑难问题，指导、监督规划实施的全过程。

（三）强化的制度保障

一个产业链的健康发展一定要有健全的规章制度和运行管理机制。在项目审批、人员上岗、安全和卫生保障、价格制定、经营管理等各方面，均需制定相应的规章制度。还要制定有效的运行机制，并从资源、环境、市场、交通等多方面进行规范管理。

1. 规范管理制度

运用法律、经济、技术、行政和教育等综合手段，制定环境保护条例，对环境系统保护，减少破坏和危害环境的行为，使开发利用与环境保护协调发展。同时加强对环境监测和环境质量调查；在开发过程中，密切关注水体和土

壤的污染状况。在开发过程中，严厉查处污染和破坏农田环境的不法行为，确保良好的生态环境。

项目开发要依法实行项目法人责任制、公开招投标制、工程监理制、合同管理制，增加工作透明度，保障项目顺利实施。加大项目监控力度，建立建设目标考评机制，对建设经费实行动态管理。

产品质量标准化。农产品及其加工产品要经国家食品质量安全组织进行质量认证，并且严格按照相关法律规定生产。

要求项目开发以生态保护为前提，符合国家环境保护法律法规、可持续发展等，实施环境标志制度。政府应加强市场管制，制定相关市场监管法规，防止乱收费、不正当竞争等市场操控行为，保障消费者权益，维护正常的市场运行机制。

2. 灵活的运行机制

区域经济的运营要适应市场化多元运作需求，各主体之间要建立灵活的组织关系，以企业制运营为核心，以“科技办基地、基地引企业、企业带项目、项目富当地”为纲领，保证充足的资金、科技、生产要素供给，打造区域市场竞争力。

（1）运行企业制　企业是推动产业发展的载体，以“企业制”为核心的运行机制，有利于发挥企业在产业化经营的关键作用。通过企业化运作集众拳于一力，有效整合现有资源。企业化运行的赢利能力主要体现在两个方面：一是分工合作，使职能部门的各个工作环节更专业、精深，尤其市场拓展能力及终端管理能力等，都将快速专业化发展；二是标准化管理，流程化管理能够极大地提高工作效率。企业化无论经销商本身还是品牌总部都将大力注入智力资源，企业化运营将为经销商和品牌的发展带来很好的支撑。

（2）投资业主制　充分发挥市场机制的作用，谁投资谁受益，产权清晰，形成多渠道、多元化投资体系。企业承担组织生产经营职能，并按照市场经济规律组织种植户进行商品生产。农业企业按照投资业主制原则，对开发资金承贷承还，并组织生产经营，保证了资金“投得下、用得好、收得回”。

（3）科技承包制　从改革管理办法入手，推行科技承包，使农业科技的推广与科技人员的报酬直接挂钩，激活用活科技队伍，调动科技人员的积极性，使种植户与科技人员风险与利益共担。

（4）挂靠院所联姻制　紧密联系知名的大学、研究院，抓住科技创新，实现农业科技创新、技术推广与市场紧密相连，不再无的放矢，通过生产经营活动，采取新品种展示、基地示范、技术服务等方式，及时将熟化的科技成果、先进适用技术渗透到产前、产中、产后，形成了高效便捷的技术扩散通道。

（四）全面的推广保障

目前规划区相关配套的基础设施还不完善，外界对该区的认识和了解并不充分。因此，要提高竞争力和提高知名度，就要充分借助社会和媒体的力量，向外界进行宣传和推介。

1. 充分发挥现代网络技术，在地方政府或兵团办公网公开招投标项目，建立合作社、企业专属的网站，及时发布相关信息。

2. 充分利用已有资源和营销渠道、注重合作以及地方政府或兵团扶持政策和优惠政策，吸引、扩大投资来源。

3. 充分借助广播、电视、报纸、移动传媒、公交广告等各种媒介，加大宣传力度。针对不同目标市场、不同受众，有序开展宣传主题词征集活动。采取不同的宣传形式，选择不同的载体，增强宣传效果。在政府主导下，各级联动、企业参与、部门支持、媒体配合，通过高强度、广覆盖、大容量、有新意的整体宣传和舆论造势，营造大产业、大市场氛围。

第 7 章　案例二：新疆和田地区国家农业科技园区“先导区”规划设计方案

一、概　述

（一）基地名称

新疆和田地区国家级农业科技示范园区“先导区”建设项目。

（二）建设单位

新疆和田国家农业科技园区管理委员会。

（三）规划范围

项目拟建场地位于和田县英阿瓦提乡境内，G315 以北 5 千米处，和田县经济新区北区的北侧，距离和田市 18 千米。科技园区四至为：东至光明路、南至文明路、西至北京路、北至民生路。先导区位于园区北部。项目所在地为沙丘人工推平场地，地势平坦，四周建成道路较场地高。面积 1 317 亩。其中有 150~200 亩为预留学校建设用地。

（四）规划年限

2017—2022 年。

（五）规划编制依据

1.《中华人民共和国国民经济和社会发展第十三个五年规划纲要》

2. 科技部《关于印发〈创新型科技园区建设指南〉的通知》

3.《科技部、国家发展改革委关于印发全国科技援疆规划（2011—2020年）的通知》

4. 科技部文件《科技部关于批准北京通州等46个农业科技园区为国家农业科技园区的通知》（国科发农〔2013〕573号）

5.《农业科技园区指南》

6.《农业科技园区管理办法（试行）》

7.《新疆维吾尔自治区国民经济和社会发展第十三个五年规划纲要》

8.《北京市对口支援新疆和田地区"一市三县"和新疆生产建设兵团第十四师综合规划》

9.《国家农业科技园区总体规划》

10.《和田县经济新区总体规划》

11.《新疆和田国家农业科技园区主核心区启动区修建性详细规划》

12. 国家及新疆颁布的相关政策法规、规范、税费等相关文件

13. 项目单位提供的其他资料

二、规划背景和建设基础

（一）规划背景

1. 农业科技创新面临新机遇

党的十八大以来，党中央把创新摆在国家发展全局的核心位置，高度重视科技创新，围绕实施创新驱动发展战略，加快推进以科技创新为核心的全面创新，推动高等院校、科研院所和企业开放共享科研基础设施和创新资源，加快科技成果的有效转化。国家级农业科技园区的建设是高端科技成果转化最有效的途径，通过试验、示范，不断辐射带动周边农户，进而引领农民走上科技致富的道路。

2. 科技援疆政策力度大

科技援疆开展以来，科技援疆成为加快创新型新疆建设的助推器，成为提高新疆科技创新能力和推进新疆跨越式发展的民心工程。习近平总书记在2014年5月28—29日北京举行的第二次中央新疆工作座谈会上强调："对南疆发展，要从国家层面进行顶层设计，实行特殊政策，打破常规，特事特办。对口

援疆是国家战略，必须长期坚持，把对口援疆工作打造成加强民族团结的工程。”科技援疆取得建立了全国“大科技”援疆格局，推动了全国科技优势资源向新疆聚集。第五次全国科技援疆工作会议指出，对南疆和兵团科技援助特殊倾斜，推动科技援疆再上新台阶。根据中央的安排，北京市对口支援新疆和田地区和田市、和田县、墨玉县、洛浦县及兵团农十四师四个团场。在援疆过程中，本着变“输血”为“造血”的原则，切实增强地县、师团科技创新能力。根据对口地县、师团的需求，按照“集成资源、互利共赢”的原则，引导内地高校、科研机构来疆，转化科技成果、普及科学技术。

3. 北京市对口援建取得显著进步

和田地区的和田市、和田县、墨玉县、洛浦县及兵团农十四师团场是北京市对口援助的地区。按照全国对口支援新疆的总体部署，北京市将依托和田地区的资源优势，坚持规划先行、民生优先、突出重点、注重实效、集中力量，分阶段系统性解决重点问题的思路，开展全方位援助。按照“一年打基础、三年见成效、五年上水平、十年力助和田基本建成小康社会”的时间进度安排，加快推进新疆建设发展。援助的重点领域主要集中在安居工程、公共服务、产业振兴、基础设施以及人才培训五大方面，以推进和田建设发展。通过 2011—2015 年 5 年的大力援助，北京援建的和田地区“一市三县”经济社会发展取得了显著进步。

4. 和田国家农业科技园区获得批准建设

根据国家“一城两区百园结盟”（“121”工程）总体思路及科技部、新疆科技厅关于加快推进地区创建国家农业科技园区的总体部署，尽快将和田国家农业科技园区建成塔里木盆地南缘及南疆重要的现代农牧业示范区，切实增强农村科技创新能力，为带动和田农村经济社会发展，推进城乡一体化发展及农牧民增收致富提供有效模式和科技支撑。和田国家农业科技园区为“一园双核四区”。“一园”即国家农业科技园区；“双核”即墨玉县核心区和和田县核心区；“四区”即墨玉县园区、和田县园区、和田市产业化示范园区和洛浦县沙产业示范园区。该园区建设将把和、墨、洛四县市园区建成生态旅游观光、休闲采摘、农家乐园基地，现代农业科技示范带动培训基地，疆内外企业投融资、富余劳动力转移就业、农副产品深加工基地，全面提升园区可持续发展。和田国家农业科技园区将成为现代化科技示范基地、农业科技成果转化基地和农村科技创新企业投资、农民就业、人才培养基地，对和田经济发展、社会稳定、农民持续增收起到龙头带动作用。

（二）规划必要性

1. 项目建设是落实创新驱动战略的需要

从全球来看，新一轮农业科技革命已在全世界范围内兴起，农业科学技术已成为推动世界各国农业发展的强大动力。从国内来看，农业是稳民心、安天下、保民生的基础性产业，任何时候都不容忽视。随着昆玉市城镇化的逐步推进，农产品需求增长很快，社会对农产品质量安全的要求越来越高，而耕地、水等资源的刚性约束在不断增强，生态环境保护的压力越来越大，已经到了必须依靠农业科技创新促进农业发展的阶段，必须加快现代农业生物技术、信息技术、生物质能源和资源环境技术在农业领域的应用与产业化。因此，建设新疆和田地区国家农业科技园区先导区，是落实国家创新驱动和“四化同步”战略需要。

2. 项目建设是和田地区长治久安的需要

新疆和田地区国家农业科技园区先导区的建设可以有效地辐射带动周边县、乡农业发展，通过与周边县、乡及驻和部队开展劳务合作、资源合作、技术合作及相互支援，各民族人民增强了相互间的学习、了解和信任，有效地促进当地民生事业发展，促进就业，转移农牧区剩余劳动力，成为当地农民收入的重要组成部分。新疆和田地区现代农业的快速发展让外界更加了解新疆日新月异的变化，感受到了新疆奋发前行的正能量，消除对新疆存在的认知偏差，有效地促进了民族团结和共同发展。

3. 项目建设是落实中央部署北京对口支援新疆和田地区的重要工作

为深入贯彻落实第二次中央新疆工作座谈会精神，结合农业援疆工作座谈会的部署和要求，北京市援疆新疆和田指挥部加大了农业科技援疆和农业园区基础建设的支持力度，推动新疆和田地区农业产业发展，引导农业产业结构调整。2013 年新疆和田地区国家级农业科技园区经科技部正式批准。为加快园区建设，2015 年北京市支持援建资金 98.99 万元用于编制新疆和田地区国家级农业科技园区建设方案，明确园区建设战略定位、建设目标和指标，为园区进行功能分区和布局，确定园区建设的实施步骤、园区建设重点工作与项目等。

本项目是北京市支持和田地区农业产业发展建设的重点项目，是以经济发展和民生改善为基础，具有重要的示范作用和战略意义。

（三）建设基础

园区不断加大基础设施建设力度，现总投资 4 亿多元，道路、供排水、亮化、天然气、绿化、电力、通信设施基本建成，防渗、滴灌等水利设施正在逐步推进，基础设施逐渐完善。

墨玉县园区基础设施建设总投资 6 094 万元，已修建园区道路 6 千米，形成道路网，电网配套和 3 千米光纤通信系统基本完成，生活用水与生产用水管道建成，区内的研发—管理大楼基本实验器材已配备，一座面积 11 480 平方米现代化连栋温室和 1 000 平方米农牧民培训中心已竣工，养殖孵化场、维吾尔药材加工厂、保鲜库等均已建成。

洛浦县园区修建道路 334 千米，平整土地面积 31 000 亩，打井 43 眼，铺设滴灌主干道 19. 4 千米、分干管 83 千米、支管 130 千米、毛管 31 000 亩，拉电缆线路 78. 9 千米。定植防风林 3 900 亩，定植各种树种 214 万株，定居兴牧 160 亩，育苗 200 亩。总投资 11 213 万元。

和田市园区 2006 年园区启动建设以来，投资约 1. 5 亿元，完成园区河西区 3. 5 平方千米范围里的基础设施建设，修建一个占地 70 亩的文化娱乐休闲广场。2011 年开始启动园区（河东区）中部区 2. 57 平方千米基础设施建设，已完成投资约 8 000 万元，目前 2. 57 平方千米基础设施已配套完成，还将启动南部区、北部区基础设施建设和城东污水厂建设，总投资约 1 亿元。

1. 林果业

园区已开展精品果园建设多年，形成较大的果园规模，积累了成熟的林果种植和管理经验。依托优势果品，已形成种植、存储、加工、销售产业链；积极扶持林果加工企业，为园区精品林果业提供了发展的空间。目前，园区林果业种植总面积 32. 78 万亩。其中，墨玉县园区种植核桃 18. 2 万亩、葡萄 2. 78 万亩、红枣 1 万亩。洛浦园区种植酸枣 1. 68 万亩，红枣和核桃各 2 000 亩。和田县种植红枣 2 万亩，核桃和葡萄共 7 万亩。

2. 设施农业

园区水土、光热条件优越，污染少，生态环境好，农作物生产多依赖生物有机肥，具有高效设施农业得天独厚的优势。当地抓住发展机遇，大力推进设施农业项目的建设，园区高效设施农业发展形成了初步的规模。墨玉县园区总投资 1 998. 38 万元，现有智能温室 1 座，日光温室 4 000 余座，有高效钢架结构温室 95 座，拱棚 1 700 座，保鲜库 502. 5 平方米，1 500 吨冰点保鲜库 1 座。和田县园区高效设施农业基地建设面积 1 万亩，各项工作正在推进中。洛浦县园区设施农业占地面积 1 500 亩，计划新建 1 000 座高标准温室大棚，现总投资 3 320 万元，建设砖墙温室大棚 170 座，拱棚 50 座。

3. 畜禽养殖业

园区形成了以牛、羊、禽为主的特色庭院生态养殖现代畜牧业格局，同时建成产、供、销产业链，初步形成了通过农民专业经济合作组织，以养殖专业村、大户、专业户等形式把养殖户组织起来的庭院养殖模式，园区畜牧业养殖业正朝着产业化、集群化、示范引领化的方向发展。墨玉县园区内已建一个种禽场，饲养父母代种鸡 10 000 套，建年育雏 120 万的育雏舍 4 栋，其中种鸡场建筑面积 3 000 平方米。洛浦县园区畜牧养殖区占地面积 2 061 亩，其中，草料地占地 1 500 亩，养殖区占地 561 亩。养殖区有畜圈 8 座（共 4 930 平方米）、孵化区 1 320 平方米、生产生活区 610 平方米，总投资 2 339 万元。

4. 农产品精深加工业

园区根据实际情况，引进了大量农产品精深加工企业，重点打造林果加工、畜禽产品加工、维药加工业。目前，园区已经聚集农产品精深加工企业 100 余家。

墨玉县园区企业共有 30 家。其中红枣加工企业 6 家，总投资 7 150 万元，年加工红枣 4 000 吨，实现年销售收入 1. 6 亿元；核桃加工企业 3 家，年加工核桃产品 3 000 吨，实现销售收入 8 000 万元；粮食加工企业 12 家，年加工小麦 2. 4 万吨，实现销售收入 7 200 万元。畜产品加工企业 1 家；油脂加工企业 2 家，年生产菜籽油、胡麻油、棉籽油 4 500 吨，年销售收入 6 000 万元；在建葡萄酒生产企业 2 家，计划年生产 3. 2 万吨葡萄酒；维药保健品厂 3 家，年销售收入 1 000 万元。

和田市园区有农产品加工企业 36 家。其中，干果加工的企业 5 家，玫瑰花企业 1 家，维药保健品公司 8 家，农产品食品企业 14 家，粮食企业 2 家，酒类企业 2 家，饮料企业 4 家。

和田县园区结合当地丰富的林果资源优势，引进了一批农副产品深加工企业，已建成 4 家、正在建设 6 家。

洛浦县园区有农产品加工企业 31 家，主要是对红枣进行深加工，现洛浦县腾达枣业有限责任公司、新疆和田金枣种植有限责任公司、和田新天露果业投资有限公司等企业已入驻。

三、发展环境 SWOT 分析

随着新疆跨越式发展战略的提出和国家对口援疆的全面启动实施，新疆和田地区国家农业科技示范园区先导区的建设面临着难得的发展机遇，同时也面临着诸多的挑战。

（一）优势分析

1. 科研院校技术支持优势明显

目前园区与中国科学院新疆分院、新疆农业科学院、塔里木大学、北京市农林科学院、北京农学院等多家科研院所进行技术合作，并且随着农业园及园区主核心区的建设的加速，将有更多科研院所进驻。其中，中国科学院新疆分院策勒治沙站分站入驻园区主核心区的项目正在洽谈、筹备中。

2. 北京市农林科学院的科研基础雄厚

科研院所是实施农业创新的基地和摇篮，创建一流科研机构也是实施科教兴国战略的必然要求。北京市农林科学院近年来从多个方面援助和田地区，建立了长期稳定的战略合作关系，达到共赢发展。

北京市农林科学院为北京市属唯一农业科研院所，近年来其种业研究实力不断增强，拥有国家蔬菜工程技术研究中心、国家农业信息化工程技术研究中心、国家淡水渔业工程技术研究中心（北京中心）和国家农业智能装备工程技术研究中心 4 个科技部工程中心以及农业农村部农业信息技术重点实验室、园艺作物生物学与种质创制华北地区重点实验室、农业农村部都市农业重点实验室和农业农村部农业物联网技术集成重点实验室 4 个农业农村部重点试验室，科研基础雄厚，能为新疆和田地区农业科技园区先导区发展提供科技支撑。

3. 和田县经济新区快速发展

园区先导区紧邻和田县经济新区北区，东西两侧均为城市主干道，通达性好；在基础设施和公共服务设施配套可共享经济新区相关设施，从而降低建设投资，便于项目启动。

（二）劣势分析

1. 人均耕地面积少，生产规模小，经营分散

和墨洛地区的山区和荒漠戈壁占了全区域总面积的绝大多数，该区域大部分土地面积不能直接利用，加之近年来沙漠化的进一步加剧，可利用土地资源总面积不断减少，随着人口的不断激增，人均土地面积不断减少，相对应的以家庭为主体的土地面积相对不足，从而导致生产经营相对分散，加之荒漠改造成本较高，这对未来农业科技园区发展带来成本与制度阻碍。

2. 农业发展科技支撑薄弱，产业化进程缓慢

和墨洛地区在农业管理、农业技术推广上相对较为落后，农业科技支撑存在阻碍，农民往往较多考虑市场利益，导致农民经济效益风险增大；政府农业技术服务体系虽然有农技人员、科技特派员等体系构成，但该地区农业种植多样化和以家庭为主体的种植面积较小，不利于农业科技推广。地区虽然有优质的农产品，但生产销售成本较高，加之本地企业的品牌意识和产业竞争力相对较弱，企业趋向于原材料的收购和外销，制约了本地农业产业化的进程。

3. 区位远离市场，产品运输成本较高

和墨洛地区虽有铁路、航空和公路“三位一体”的运输体系，但距主要消费市场远，使得优质的农副产品资源的外销和运输造成了阻碍，也迫使一些企业面临成本的增长，削弱了农产品的市场竞争力。

（三）机遇分析

1. “和墨洛”经济区、“和和”同城化带来的发展机遇

在《新疆城镇体系规划（2011—2020）》中，将和田市定性为 16 个次区域中心之一，也是和田地区的中心城市。由于和田市受到自身规模较小的限制，很难独自在地区内部起到龙头和引导的作用。但随着“和墨洛”经济区的构建，“和和”同城化的建设，和和地区或和墨洛地区将成为整个和田地区经济崛起的中脊。

2. 援疆力度不断增大

“十三五”时期，国家继续推进新一轮对口援疆，进一步加大对南疆的支持力度，随着就业、教育、人才等援疆持续深入，科技和产业援疆积极推进，全方位对口援疆持续发力，援疆效应延伸放大，对新疆和田地区国家农业科技示范园区先导区建设产生良好的推动作用。

（四）挑战分析

1. 反分裂反恐怖斗争依然尖锐

新疆正处于暴力恐怖活动的活跃期、反分裂斗争的激烈期、干预治疗的阵痛期“三期叠加”特殊时期，反分裂反恐怖斗争依然尖锐复杂，中亚南亚地缘政治环境变数加大、兵团布局整体“北强南弱”。2013 年以来，和田、喀什等南疆重点地区发生的暴恐案件占疆内发案总数的 60%，是暴恐活动重灾区。和田市处于反分裂、反恐怖的前沿，斗争的长期性、复杂性、尖锐性突出。

2. 艰苦的环境加大引进和留住人才难度

科技园区先导区地处南疆贫困地区，由于自然条件恶劣，专业技术人才和管理人才较为匮乏，尤其是农业经营管理人才缺乏，加之机构编制不足，致使人员流动大，人才引进难，留人难是长期存在的问题。另外，大部分务工人员均需从内地农村引进，职工文化程度参差不齐，综合素质需要提高。人才资源制约着先导区农业科技的推广。

四、指导思想与建设目标

（一）指导思想

全面贯彻落实习近平总书记系列重要讲话精神、特别是在第二次中央新疆工作座谈会上的重要讲话和视察新疆时的重要讲话精神，按照自治区第九次党代会指引的方向和确定的总纲，紧紧围绕社会稳定和长治久安总目标，以“集约、节约、创新、循环”为理念，以促进农民增收、农业增效、农村发展、民族团结为目标，以理念创新、科技创新、机制创新为动力，以国内外农业新品种、新技术、新装备、新模式为依托，汇集国内外农业科研单位的农业智慧，构建科技创新平台、示范推广平台、服务交流平台、民族融合平台，全面建成和田地区现代农业科技创新高地，加快农业科技成果转化，引领和田地区未来农业发展，实现经济、社会、生态三效合一，为我国沙漠地区现代农业发展和绿色农牧产品供给提供示范样板，为新疆和田地区农业发展提供强劲的科技支撑。

（二）建设原则

坚持合理布局、突出特色原则。把握和田地区的区域特点、资源禀赋和国家科技园区的建设要求，将和田地区和墨洛绿洲主导产业和农业结构调整紧密结合，科学、合理布局各产业和空间，突出高科技农业发展特色。

坚持资源整合、效益优先原则。引进国内外农业的新技术、新品种、新设施、新装备，整合相关行业和相关部门的资源，加速科技、资金、人才、信息、政策向示范基地集聚，打造高端高效高辐射现代农业示范基地。

坚持示范带动、全面发展原则。以科技创新、成果转化、示范推广为支撑，以技术集成、模式集成、机制集成为手段，以持续增加农民收入为主线，创新农民技能培训模式，提高农民素质，形成良好的示范带动作用，辐射带动区域经济全面发展。

坚持服务引领、科技支撑原则。集成信息、技术、物流等现代服务要素，构建以科研创新为基础，以综合展示为窗口，以交易结算为平台，以公共服务为保障，以辐射带动为目的的功能平台，为和田地区和墨洛绿洲现代农业起到科技支撑作用。

（三）功能定位

立足前瞻性和引导性，瞄准现代农业科技的发展方向，满足新疆和田地区和墨洛绿洲现代农业诸项功能和建设现代农业的技术需求，重点培育并强化科技创新与成果转化、生态旅游观光、农业人才培训、辐射带动示范、精准高效扶贫五大功能。

1. 科技成果转化

围绕新疆和田现代农业发展，开展种质资源收集、保护、鉴定，新品种选育，研发优质、安全、高效农产品生产技术，集聚国内外农业科研单位优势科技资源，引进适合和田气候特色的高产作物的新品种、新技术。新作物本土特产化、高产化、种植简易化，用科技带动农业，用农业转化科技。

2. 生态旅游观光

随着经济的发展，发展农业休闲观光具有很大的市场前景，以农业科技带动休闲旅游发展，同时休闲产值能反哺规划区运营经费，边休闲边学习创新，具有重要的价值。生态休闲带动和田旅游产业，引导和田长期发展。

3. 辐射带动示范

以点带面，以先导区的产业示范，来示范推广新品种、新技术。通过示范基地对周边地区产生辐射带动作用，加快周边地区农业发展，形成互相影响、互相依存的良性互动关系，实现区域协调发展。

4. 服务交流

为科研、会展、交易、市民科普等提供高端服务；通过引进、使用先进的新品种、新技术、新设施，向国内展示沙漠地区农业发展新趋势。

（四）总体定位

和田农业品种引种先行区

和田农业科技人才聚集高地

现代高新农业科研展示窗口

民族团结的农业合作中心
和田农业结构转型的引擎区
北京援疆援和农业科技展示区和试验区
反季节优质果品内地供应基地
和田地区国家现代农业展示基地和示范中心

（五）发展目标

1. 主要目标

聚集高端现代农业科技要素，加快推进农业科技创新、科技成果展示和科技引领现代农业发展等步伐，突出对粮食生产、林果业、沙产业和农业新品种培育、引进的科技引领和辐射功能，重点培育壮大林果、沙产品的精深加工、绿色食品加工等产业，推进农业产业化进程，实现农产品的增值增效。同时，从科技研发、技术应用、人才引进与培养等方面建设成为高水平的农业高新技术集成中心和农业科技信息辐射中心，最终将园区建设成为“立足和墨洛绿洲，带动和田地区，辐射塔西南区域”的现代农业科技展示窗口、高效农业示范基地、特色农业发展的样板。

2. 主要指标

至规划期末，完成先导区建设，建成面积 1 000 亩。

基础设施完善。建成综合服务中心、信息服务中心，交通道路、通信信息、电力供应、供排水体系、园区绿化等基础设施配套完善。

生产功能齐全。全面引进特色林果业、设施蔬菜、健康畜牧养殖业、农作物种植等品种，配套推广新技术，提高信息化普及率。

综合效益显著提高。大幅提高土地产出率、资源利用率和劳动生产率。

农民收入持续增加。规划期末，农民年纯收入增长。

高科技人才聚集。集聚百名农业科学家，进行科技创新。吸引 5～10 家涉农高新技术企业入驻。

五、总体思路与空间布局

（一）总体思路

新疆和田地区国家农业科技园区先导区将立足南疆、面向全疆、网联全国，坚持突出重点、有序推进的原则，以国内外新品种、新技术、新装备、新模式为依托，以现代农业产业技术研发、创新品牌培育和现代服务业建设为重点，形成整合资源、协同创新、服务产业、先导示范的新模式和新机制，大力增强新疆和田地区农业科技创新能力和农业产业的核心竞争力。

（二）空间布局

根据规划原则、目标与发展定位，按照“研发创新化、规划科学化、功能完备化、产业一体化、服务综合化”思路，充分考虑各产业展示示范用地需求预测，融合示范基地的功能和景观要求，对各功能区进行合理布局，空间上形成“一心、两轴、三区”的总体架构。即综合服务中心、农业科技文化展示轴、地域文化展示轴、设施农业区、露天农业区和预留区（图 7-1）。

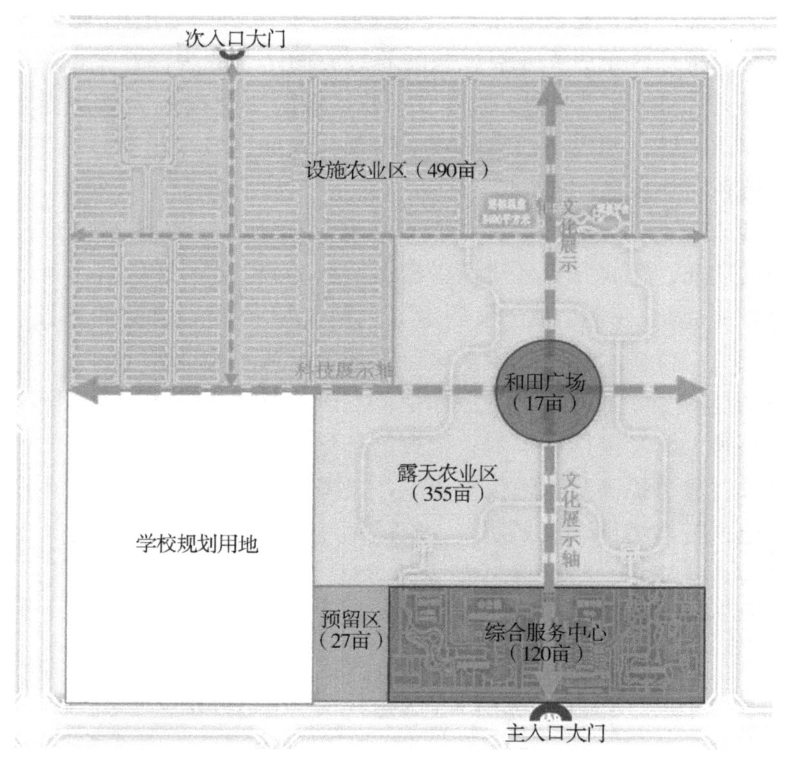

图 7-1　规划空间布局

1. 一心

区域范围：规划面积约 120 亩。

建设方向：综合服务中心以服务、研发、培训、物流、信息化为主要方向，有效地将物联网、云计算、大数据服务等前沿信息技术，与示范基地研发功能、生产功能、展示功能等各方面各环节紧密结合，实现示范基地智能化监控、管理和控制等，建成综合服务中心与智慧展示中心。

主要功能：承担综合管理、产品质量检测、农民教育培训、信息化服务、仓储物流等功能。

分区布局：包括综合服务区、信息化服务中心、培训中心、物流中心。

2. 两轴

在功能分区的基础上，为了实现功能区之间的联结，在空间上形成“两轴”两条纵景观轴，分别为“农业科技展示轴”和“地域文化展示轴”，成为联结各功能区的天然纽带。

建设方向：重点强调高科技农业的发展和高科技成果转化的优势，将“农业科技展示轴”打造成现代农业科普示范轴，引导周边地区向现代农业示范、科普、休闲观光、种植体验等功能发展。“地域文化展示轴”引导来客了解和田地区历史文化、农业文化、种植习惯等。

主要功能：承担示范基地高科技农业示范、科普、休闲观光、文化介绍等功能。

分区布局：包括科普区、休闲观光区、历史文化介绍区、农业文化介绍区。

3. 三区

“三区”是指设施农业展示区、露地农业展示区以及预留区。具体建设方向、主要功能以及分区布局如下。

（1）设施农业展示区

规划面积：490 亩。

建设方向：以技术引进、品种筛选、新品种新技术合成和示范、产品精深加工为方向，扩大蔬菜育苗规模、林果种类和规模，提高新建设施的档次，利用新疆和田地区的气候特点，发展不同形式的蔬菜林果种植模式和种植品种，拟种植芦笋、番茄、林果、大麦草、子弹牡丹等品种。

主要功能：重点展示新型日光温室、设施蔬菜、设施林果花卉、新装备与物联网运用以及其他主题成果展示等。

（2）露地农业展示区

规划面积：350 亩。

建设方向：按照产业化带动、规模化发展和标准化生产的思路，建设露地农业展示区，充分发挥该区的示范带动作用。充分利用沙漠地区丰富的光热资源，坚持绿色生态生产，突出沙漠特色和民族特色，建设集特色林果种植、良种繁育的露地展示区。

主要功能：重点展示葡萄、油桃、矮化苹果、石榴、京科 968 等玉米新品种、二系杂交小麦及普通品种、子弹牡丹等。

(3) 预留建设区

规划面积：27 亩。

建设方向：为先导区的后续发展预留建设空间。

六、重点工程项目

(一) 综合服务中心工程建设

1. 综合管理景观工程

建设目标：建设和田地区独特水景，满足休闲娱乐需求，以景观塑造带动旅游发展，打造和田旅游的休憩站。

建设内容："一带一路" 即景观水系带和园区串联路。"一带" 将园区两大核心——综合服务核心区与和田广场串联，一路将整个园区串联构成一个整体。综合服务中心是景观水系带的重心，打造以水为中心的景观。

2. 基地信息管理工程

建设目标：以物联网技术为支撑，实现基地的自动化管理、集中控制以及全方位展示。

建设内容：在规划区集中部署和展示多种信息化产品，实现规划区的实时监测、自动化控制、集中展示和科普服务等。

建设思路：实现主要应用和展示包括以下几个方面。

(1) 触摸屏综合服务一体机　在先导区内部署两台触摸屏综合服务一体机，通过该一体机可以访问和田市农业综合服务云平台、网络教育培训平台、数字资源、特色农产品电子商务平台、信息服务门户网站等，浏览内置培训资源。触摸屏综合服务一体机的资源内容能够贴近用户的需求，更能够个性化的服务于农业生产生活。同时，一体机也能够通过分析用户的使用记录来智能推荐和调整相关显示内容，为用户提供更为便捷、智能的基层信息服务。同时可以实现农产品质量追溯、双向视频咨询和培训资源点播等功能。拟建设的栏目包括：首页、和田市概况、新闻资讯、供求信息、品种技术、价格行情、电子政务、农业问答、便民服务、资源点播、文化资讯、旅游信息、和田导航、科技资源、技能培训、项目合作、企业服务、居民服务等综合服务功能。

（2）多功能机顶盒　多功能机顶盒具有网络接口和高清数字接口，能够同时接入电视机和互联网，同时可根据用户需要内置相应的多媒体培训资源。用户打开电视机就能浏览、点播相应的农技培训资源，进行自助学习与观看。而管理人员通过机顶盒的后台，能够实时了解多个站点的培训资源的使用情况，并对各个站点机顶盒的学习时长、兴趣爱好、点播次数等进行统计分析，进而可以根据用户需要调整内置资源的内容，推荐用户感兴趣的培训资源。还可以及时发布相应的公告、消息信息，实现“一端更新，多点发布”。

（3）移动应用系统　在智能手机、平板电脑上集中展示多个移动App（图7-2）：农价e讯，详细展示农产品的生产、物流、零售和分析等信息；移动农服中心，整合农业科技服务资源，在已有远程教育站点建立农村综合信息服务基地，通过网络、手机等渠道辐射服务农村，从而提升基层农业科技推广能力和效率；二维码展示系统，实现对蔬菜品种管理和包装组的产品信息管理，按照相关行业标准进行设计，开发出智能终端设备展示系统方案。

图7-2　App展示

（4）物联网基地监控管理系统　利用传感器采集基地的各种环境监测数据和视频图像（图 7-3）；对所采集数据进行预处理，实现最及时的警报功能。用户可以远程实时获取各种监测数据。当监测数据异常时，能够在第一时间得到预警信息和预警报告。包括实时视频监控、实时环境因子的监控、环境因子历史数据查询、阈值设定、采值时间设定等功能。

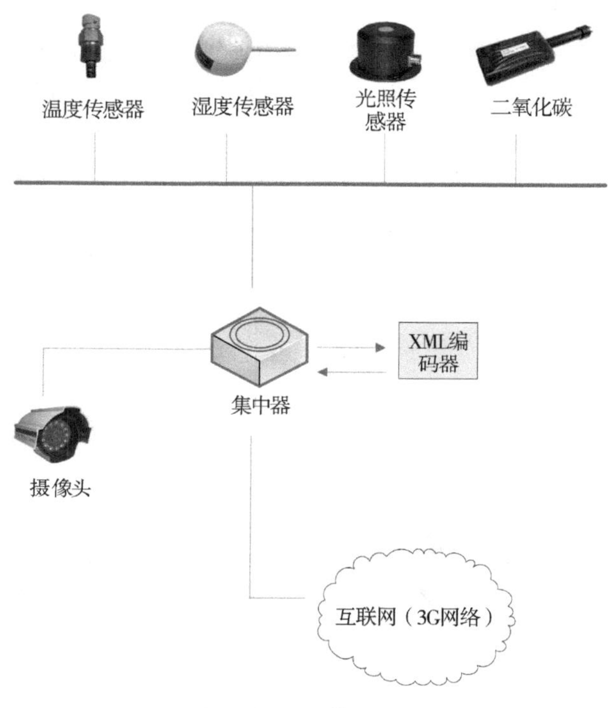

图 7-3　远程获取数据

3. 设施农业物联网信息系统工程

建设目标：配置温室智能化控制系统，实时监测温室内环境，包括空气温湿度、二氧化碳浓度、光照强度等，结合安全生产监控系统，采集温室图像数据，保障生产安全、稳定、有序进行。

建设内容：土壤环境监测设备（多套土壤温湿度传感器、监测主机、供电设备及安装支架）、气象环境监测设备（各种气象传感器、监测主机、供电设备及安装附件）、水环境监测设备（数据采集器、电导率传感器、pH 值传感器、水温传感器以及安装附件）、视频监控设备（现场图像采集摄像头、网络视频服务器、交换机、光端机及安装附件）、标准气象监测站（采集模块、无线数传电台、各种气象信息传感器及安装支架）。

建设思路：整个农业生态环境监测系统将搭建在通用网络平台上（图7-4），即所有的数据和信息均可通过TCP/IP网络协议传输。在局域网内或者Internet广域网上，通过对网络进行相应的设置就可以在任意一台连接到Internet的计算机上，依据授权对整个系统进行全面的监控，并随时完成对大田、设施内区域小环境进行分析和评估，并可调用摄像头查看现场实时视频信息。

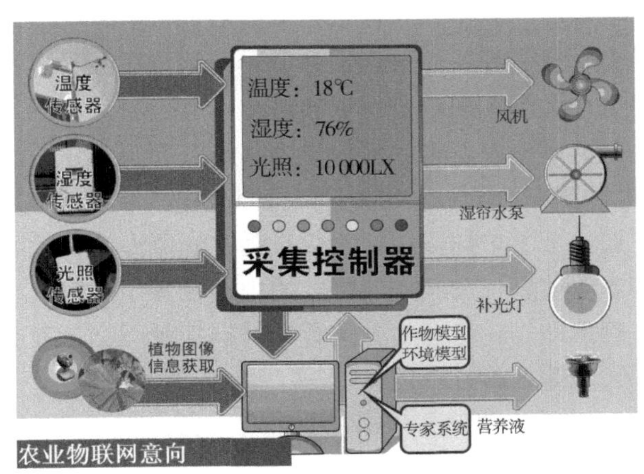

图7-4　环境监测系统

4. 电子商务服务工程

建设目标：实现规划区内特色农产品的线上销售，提高销售量使农户增收，提升农产品价值，实现农产品“优质优价”。

建设内容：构建规划区内特色农产品电商平台、加盟电商平台以及打造农产品微商城实现多种途径的线上营销。

建设思路：以线下线上相结合的O2O电子商务模式，把互联网与生产基地对接；线上线下相结合的O2O电子商务模式，把互联网与体验店、体验基地对接；通过微信平台的便捷性打造农产品微商城。

5. 果蔬保鲜库及种质资源库工程

建设目标：有效解决将来果蔬“卖”难问题、增加本区域果蔬销售距离，保持上市果蔬品质。依托物联网技术、信息技术以及现代仓储管理技术等，通过汇总籽种品种、区域分布，建立统一规范的主要农作物资源保存库。

建设内容：预冷库、保鲜库、气调库、种质资源库等。

6. 新型职业农民培训工程

建设目标：新型职业通过灵活多样的培训手段与方式，培育出一批本土的、具备一定生产技能的农业从业人员。提高规划区内从业人员文化水准、人口素质，促进精神文明建设，提升规划区的知名度和美誉度。

建设内容：新型职业农民是指具有科学文化素质、掌握现代农业生产技能、具备一定经营管理能力，以农业生产、经营或服务作为主要职业，以农业收入作为主要生活来源，居住在农村或集镇的农业从业人员。利用信息化技术及便携多媒体设备，提高现有的培训质量，丰富培训手段，实现个性化、定制化的培训，根据生产实际实现双语培训和培训内容定制。

建设思路：新型职业农业培训工程主要分为以下两个方面。

（1）网络教育培训平台　建设农业科技园区先导区网络教育培训平台，该教育培训平台主要实现了培训资源的直播点播、农业专家的远程双向视频咨询诊断以及在线的农业信息咨询服务。服务的内容涵盖了新型农民素质培训、农技培训、经营管理培训等。培训的方式有课件点播学习、远程视频直播、电子书浏览、专家视频通话、语音咨询等。

（2）培训站点布局与建设　根据农业生产需要，利用多功能机顶盒在规划区内建设多个、分布的基础培训站点，合理布局以实现规划区站点网络全覆盖。多功能机顶盒具有网络接口和高清数字接口，能够同时接入电视机和互联网，同时可根据用户需要内置相应的多媒体培训资源。用户打开电视机就能浏览、点播相应的农技培训资源，进行自助学习与观看。而管理人员通过机顶盒的后台，能够实时了解多个站点的培训资源的使用情况，并对各个站点机顶盒的学习时长、兴趣爱好、点播次数等进行统计分析，进而可以根据用户需要调整内置资源的内容，推荐用户感兴趣的培训资源。利用该站点网络也可开展基层党员的远程教育，实现教育培训“入户随人”。还可以及时发布相应的公告、消息信息，实现“一端更新，多点发布”。

7. 生态餐厅建设工程

建设目标：以生态餐厅为构筑载体，注重新疆当地风情，无论是经营项目还是建筑风格，要严格的控制，形成鲜明特色，呈现当地文化景象。

建设内容：建设餐饮接待配套工程，培训服务人员，规范化管理等。

技术方案：通过种养结合营造特色餐饮环境，主打高端农业体验品牌，维吾尔族饮食文化，对规划区的销售、管理、宣传进行统一的规范，建设成以生态农业旅游、观光为有效载体的绿色生态餐厅，为游客居民提供休闲观光需求，以餐饮、小型休闲游乐为主。

（二）两轴工程建设

1. 和田广场景观工程

建设目标：和田广场位于东西轴与南北轴的轴心交界，是景观轴线上的重要节点，统领整个园区的景观营造。广场中间“和”字铺装构图象征“和田”，衬托主题，将和田的意向在规划区呈现出来。

建设内容：占地面积 10 000 平方米，建景观灯饰 20 盏，树木花草绿化 5 000 平方米。配套建设步行街、停车场、垃圾箱以及条凳等。

2. 和田农业历史长廊工程

建设目标：沿历史发展演绎顺序，讲述和田的农业历史脉络，串联和田记忆。

建设内容：道路两侧以时间轴的顺序自西向东排列宣传栏，图文并茂地对和田农业文化进行立体化、多途径的演绎。

3. 景观建设工程

建设目标：作为东西向主干路，串联各区，形成休闲旅游、农业景观等景观点，形成一条农业科技展示的廊道景观线。

建设内容：在“农业科技展示轴”主干道以及次入口竖向轴线两侧，栽植各种观赏型小乔木、灌木，搭配各种色彩植物，形成色彩缤纷的景观轴带。在“地域文化展示轴”主干道和支路两侧，以本地植物群落为主，设置文化旅游长廊，营造春季赏花、秋季采果的特色景观。

4. 和田民族团结展示工程

建设目标：以民族团结合作故事为线节点性的放置景观雕塑，弘扬民族团结精神。

建设内容：横向次轴线的 4 个节点小广场中间，设置 4 组景观雕塑，讲述发生在身边的民族感人故事。

5. 休闲体验区建设工程

建设目标：利用数字化创意，让休闲农业更精彩。跨界融合数字视觉、数字影音、人机交互、虚拟现实等现代化数字影像技术，现实科技体验与虚拟科技体验有机结合，为传统的农业休闲观光增添科技的色彩、创意的元素和幻想的空间，赋予农业休闲以互动娱乐特征，实现休闲农业与旅游、教育、娱乐等产业的交集，促进实现三大产业融合，延伸产业链，促进休闲农业可持续发展。

建设内容：休闲体验厅。

建设思路：通过划分多个科普功能区，利用2D/3D动画、720度虚拟漫游、虚拟现实VR、智能交互等信息化技术，采用科普影视片、科普微视频、科普动画、科普游戏、智能终端数字杂志。重点直观、生动的展示和田文化、和田特色农产品的优良品质。定期开展系列的科普教育活动。

（三）三区工程建设

1. 连栋温室建设工程

建设目标：打造突出农业主题，体现农业生产、生态、休闲、教育、示范等多功能于一体的科技示范展区，采用寓农于乐的运作方式，为农民和消费者搭建一个交流、互动、发展的良好平台。

建设内容：新建60米×90米的高效示范展示连栋温室，包括温室主体结构、通风降温系统、加温系统、遮阳系统、保温系统、灌溉系统、施肥系统、栽培系统和调控系统等。

2. 新型日光温室建设工程

建设目标：构建新型日光温室，丰富温室结构类型及生产功能，实现设施蔬菜及林果的节能生产。具体地，一是棚内有机蔬果种植、有机肥料、生物农药等生态循环系统的实现；二是棚内环境参数的采集，现场智能监测监控系统的实现。

建设内容：新建60米×9米的日光温室20栋、60米×12米的日光温室30栋、80米×12米的日光温室52栋、90米×12米的日光温室36栋。

3. 无土栽培系统建设工程

建设目标：结合项目区土壤盐碱化现状，针对温室高产栽培中水分、养分的精确控制需求，实现节水、节肥、高效生产的目标，大力发展以岩棉栽培为代表的无土栽培种植模式。岩棉栽培系统可提高灌水施肥用药的均匀度，降低生产的劳动强度，在实现资源的高效利用、环境可持续发展等方面效果显著。

建设项目：在所有新建日光温室建造适当规模的岩棉栽培系统。

4. 抗病、优质、高产林果新品种引进与示范工程

建设目标：通过抗病、优质、高产的林果新品种引进，更新本地林果品种，提升林果的产量和抗病性，减少农药的使用。

建设内容：①引进北京市农林科学院林果研究所专家团队及林果所林果新

品种。②根据试验示范效果，每年组织观摩和交流 2~3 次，提升新品种的认知度。③通过示范带动本地区的林果品种的更新，实现大面积的推广和种植。

5. 现代设施蔬菜科普工程

建设目标：以现代化连栋温室为展示场地，充分发挥新品种引进栽培、封闭式循环生态槽培无土栽培、智慧农业等技术的特点和优势，营造出一派欣欣向荣的现代化设施蔬菜生产风光。以实物和模型为主要展示方式，参观者在温室中通过参观、探索了解各展项内容。

建设内容：

（1）科普硬件配套设施建设　将传统科普形式与信息化手段相结合。一方面，安装科普宣传橱窗，图文并茂地介绍展区所采用的现代化设施技术。另一方面，在展示对象和技术设施旁，安装科普导览牌，嵌入二维码。游客在观摩体验过程中，对感兴趣的对象或技术措施，即时轻松地浏览相关的图文、科普动画、交互游戏等科普资源，加深体验观摩的印象，获得全新的科普体验。

（2）科普活动设计　将根据节气时令，提供蔬菜种子或幼苗，配备必要的容器、种植工具，在专业人员的指导下，有计划、有组织地带领市民体验绿色种植和收获的过程。

（3）数字型科普资源建设　科普图文主要围绕蔬菜新品种介绍，数量约 10 条，全面讲解各品种的名称、形态特点、分布区域、应用价值等信息。科普动画主要围绕封闭式循环生态槽培无土栽培、智慧农业等技术讲解以及和田地区设施蔬菜产业发展和经营模式，共 4 部，时长约 20 分钟。科普游戏主要围绕虚拟种植等开发互动小游戏，时长约 5 分钟。

6. 番茄新品种引进与示范工程

建设目标：培育番茄新品种，引入番茄团队企业入场。

建设内容：通过番茄团队种植技术的引入，带动和田地区番茄整个产业的更新。

7. 鲜食玉米种植工程

建设目标：以北京市农林科学院和有关大专院校、科研机构等作为技术依托单位，建设和田农业科技园区绿色鲜食玉米及其制品的生产基地。绿色鲜食玉米生产示范区主要以优质、适宜的专用鲜食玉米为示范品种，通过优良品种与高产、高效的绿色生产技术的集成与示范，制定相应的生产技术规范与标准，为示范区绿色鲜食玉米生产提供示范，同时带动和田地区绿色鲜食玉米的生产，满足当地及周边地区的市场需求。

建设内容：集中示范展示京科甜 183、京科糯 2000、京科糯 928 等优质鲜食玉米品种及其配套高产高效种植技术。同时可发展休闲、观光、采摘以及旅游产业。

8. 高产小麦种植工程

建设目标：通过引进优良品种及制种实现小麦生产提质增效。为和田地区小麦生产示范高产优质新品种、高质量的种子及配套技术，加快实现和田地区小麦品种更新换代，全面提升小麦生产水平。

建设内容：确定科学、准确、简便、可操作的林果下耐阴抗旱型和耐阴水分高效利用型小麦品种鉴定筛选指标 5~8 项，形成林下筛选小麦耐阴抗旱型及水分高效利用型品种技术操作规范 1 套；建立林下耐阴抗旱小麦品种鉴选基地 1 个；筛选出适合和田地区生产需求的熟期适宜、适应性强、抗旱性突出、丰产性好的小麦新品种 2~3 个；综合和田林下周年粮食作物种植模式的水生态效益、经济效益和社会效益分析，形成林下小麦—玉米高产高效周年种植模式，并建立林下冬小麦高产高效种植模式核心展示 200 亩，建立小麦林下高效种植模式示范区 500 亩。

9. 石榴栽培试验示范工程

建设目标：丰富当地林果产品，满足不同消费者需要。

建设内容：引进石榴园企业，打造石榴栽培生产园。

10. 矮化苹果栽培试验示范工程

建设目标：丰富当地林果产品，满足不同消费者需要，打造离壁式苹果种植的全国示范基地。

建设内容：采用矮化中间砧苗木或矮化自根砧苗，基砧采用新疆野苹果、楸子等抗寒、抗旱、抗盐、抗盐碱野生实生砧木，株行距 1.5 米×4.0 米。品种采用嘎啦、黄元帅系列、蜜脆、新红星系列、早熟富士等，早熟：中熟：晚熟比例=3：3：4，栽植时设立支架系统、滴管系统，采用立架栽培方式。示范的技术内容：①新品种展示；②矮化集约省力化机械化栽培技术。

11. 葡萄栽培示范工程

建设目标：丰富当地林果产品，满足不同消费者需要。发挥原产地葡萄种植优势。

建设内容：选取当地优质葡萄种苗种植。

12. 樱桃种植示范园建设工程

建设目标：展示樱桃栽培和果树管理技术。

建设内容：樱桃生产园 200 亩。

建设思路：采用乔砧栽培方式。建园株行距（2~3）米×（4~5）米。品种采用早熟、中熟、晚熟比例为 7：2：1。栽植时设立支架系统、滴管系统，采用立架栽培方式。示范的技术内容：①新品种示范；②密植高效省力化栽培技术。

13. 油桃种植示范园建设工程

建设目标：为促成果实的提前栽培，提前上市。

建设内容：展示油桃栽培和果树管理技术。栽植时设立支架系统、滴管系统，采用立架栽培方式。示范的技术内容：①油桃新品种展示；②集约省力化机械化栽培技术。

14. 亲耕文化园

建设目标：一方面加强南疆的农耕文化延续，加深对农耕文化的了解，传承新疆特殊农耕的历史文化。另一方面加强当地农业旅游，农事活动的体验。

建设内容：建设一个集现代科技与传统文化、科普教育与休闲娱乐于一体的现代农耕园。

（1）农耕体验 游客可以在园区内工作人员的指导下进行播种、灌溉、有机堆肥、驱虫、收割等劳作，也可以亲自采摘果实，按市价进行购买。

（2）土地认领 体验者可以交纳一定土地费用，拥有属于自己的一片耕地。与工作人员共同设计种植计划，推荐种植品种，制定种植方案，按有机标准种植，种植纯正、新鲜、天然、健康的生态品种。认领地所有产品归体验者，闲暇时间可以参与除草、松土、浇水、施肥，采摘、收获，完全停止了化肥、农药、农膜、添加剂、除草剂、转基因，用自然传统的制虫除草办法经营农场。

（3）有机食坊 适当布置农家小院，庭院中可以进行传统手工制作工艺技术展示。游客也可以参与制作，体验田园式的农家生活。游客也可自己动手，将采摘的新鲜果菜烹制成美味菜肴，自己掌勺过一把厨师瘾。原料到调料到酒水，从田间到餐桌全部采用有机食物，制作过程不使用色素、味精等合成调料。无论春华秋实，还是夏暑冬寒，游人都可在此尝到农家田地里的新鲜果菜，体验日出而作、日落而息的田园式的生活情调。

15. 维药种植示范工程

建设目标：中药材产业是能耗低、污染少、带动广、潜力大、附加值高、产业链长的朝阳产业。通过实施品牌战略，培育大芸、麻黄等有市场竞争力的中药材产品优势品牌。建成中药材生产标准化示范基地，成为辐射周边地区生态中药材创新工程，全面提高产业投射能力。

建设内容：引进种植药用价值高、市场价格稳的大芸、麻黄等道地中药材，推广精细耕作技术，合理安排中药材茬口搭配，形成集中地生产区域和产品批量。种植大芸 100 亩，种植麻黄 100 亩。

16. 青贮玉米种植基地建设工程

建设目标：以北京市农林科学院和有关大专院校、科研机构等作为技术依托单位，建成新疆和田农业科技园区青贮玉米生产基地。发展订单农业，达到增产增收的效果。主要以优质、适宜的专用青贮玉米为主要品种，通过优良品种与高产、高效的绿色生产技术的集成与发展，制定相应的生产技术规范与标准，推动和田地区青贮玉米的发展，满足当地的市场需求。

建设内容：集中示范展示京科青贮 301、京科青贮 516 等优质专用青贮玉米品种及其配套高产高效种植技术。

七、基础配套设施保障

按照“服务园区、服务社会、便利生活”的原则，强化路网、水电气暖及邮政通信等公用基础配套设施工程建设，使规划区达到高标准入驻条件，保障规划区发展，全面提升规划区的高效生产与综合服务功能。基础设施配套过程遵循可持续发展原则、因地制宜原则、满足生产与生活需要原则、节约资金原则和坚持兵团引导与公众参与相结合原则，推动以下基础设施建设。

（一）总平面图设计（图 7-5）

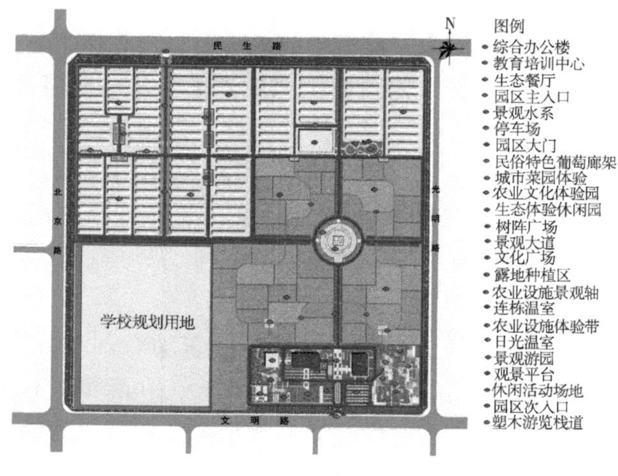

图 7-5　平面布局示意

（二）游览路线图设计（图 7-6）

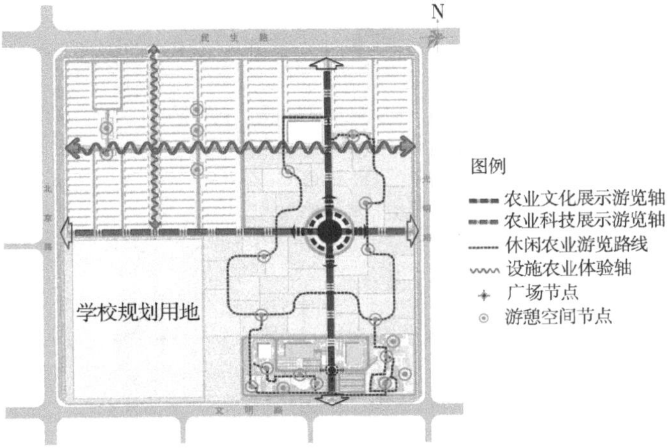

图 7-6　游览路线示意

（三）路网建设（图 7-7）

建设覆盖整个规划区，实现快捷对外交通联系的公路网。

完善规划区内部各功能区间的交通联系，形成“三级道路和塑木栈道”相辅的交通格局。其中，一级道路总长度 3 450 米，道路宽度 8 米，水泥路面铺设。二级道路总长度 3 477 米，道路宽度 6 米，水泥路面铺设。三级道路总长度 2 440 米，道路宽度 4 米，碎石路面铺设。塑木栈道总长度 2 240 米，道路宽度 2 米，塑木铺设（图 7-8、图 7-9）。

（四）电力供应系统（图 7-10）

坚持节约与开发并举，把节能放在首位，充分利用规划区特有资源，提高能源利用率，充分保障整个规划区的能源电力供应。

充分利用规划区丰富的太阳能资源，新建太阳能发电项目，完善电网设施及相关配套设施建设，保障规划区的电力供应。

在各个功能项目区，安装太阳能照明设备、景观灯。

增设变压器设备，设立相应的变电站，保证规划区用电的安全性及可靠性。

通过园区用电量计算，园区最高用电功率为 2 286 千瓦，需要安放 4 台 630 千

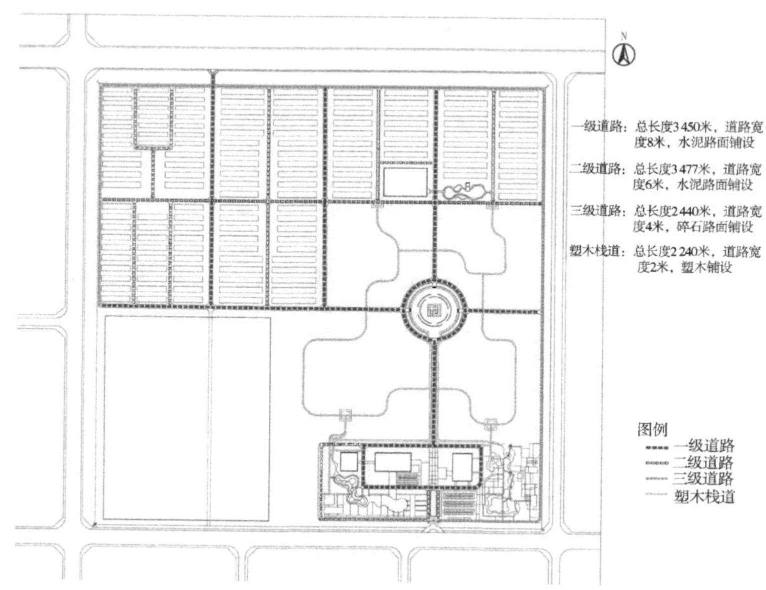

图 7-7　路网建设示意

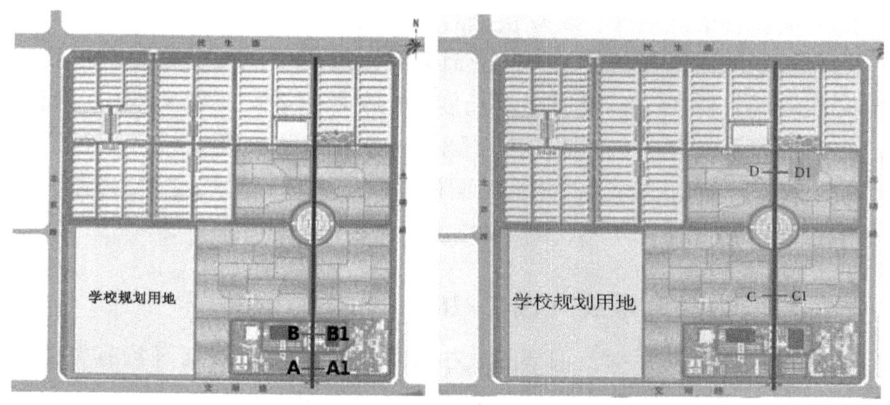

图 7-8　园区分区示意

伏安变压器。布置原则：综合服务区附近布置 2 台，农业设施区附近布置 2 台。

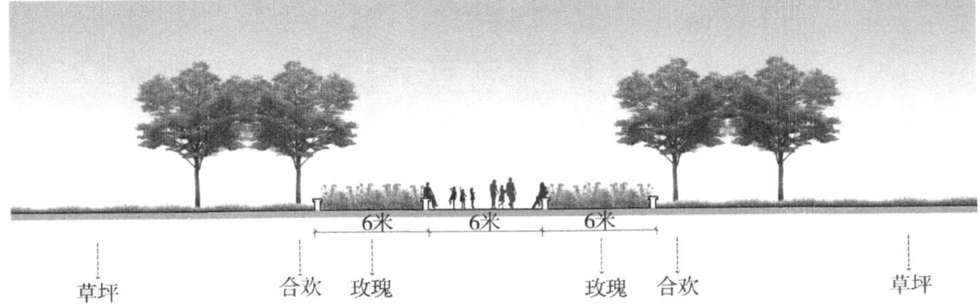

A–A1 园区主入口道路及绿化设计剖面

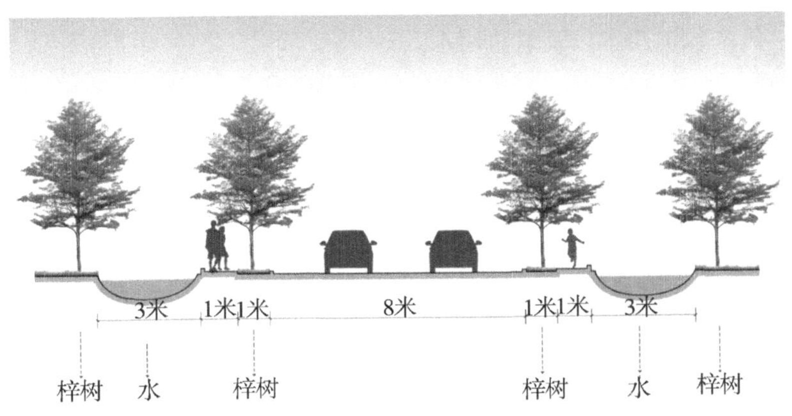

C–C1 园区一级道路及绿化设计剖面

图 7–9　园区道路绿化

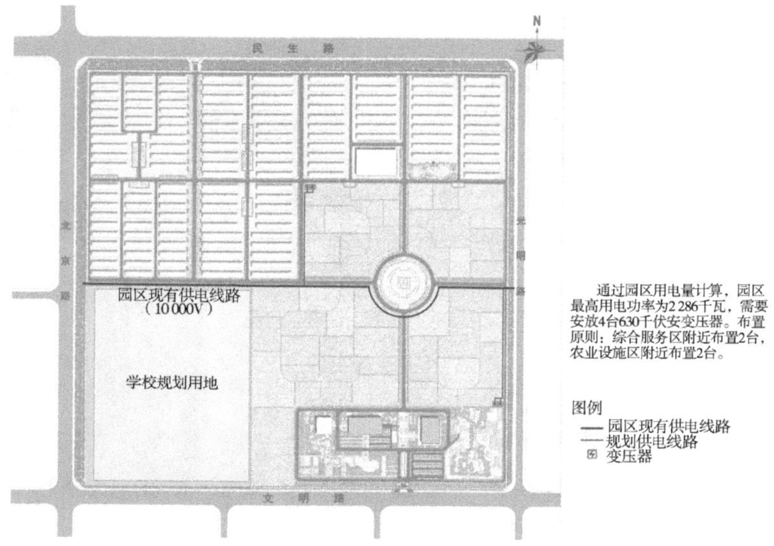

图 7-10　电力系统示意

（五）供水系统（图 7-11）

规划区用水主要包括工作人员和游客生活用水、试验用水、绿化用水、种植用水、生产加工用水以及消防用水。

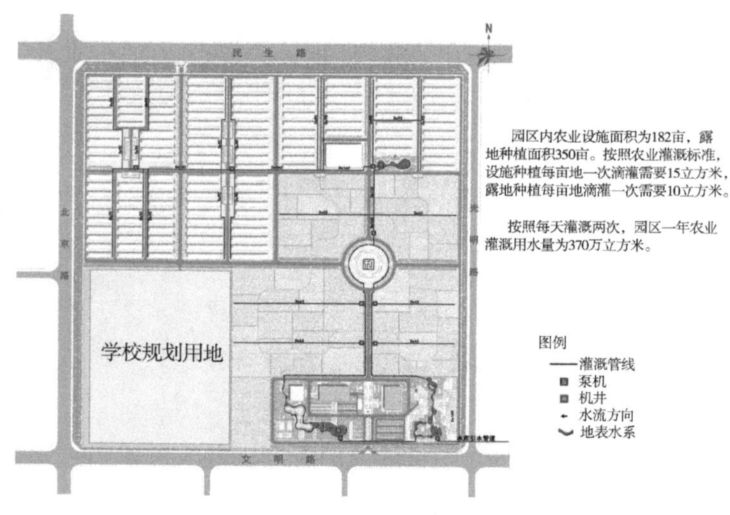

图 7-11　供水系统示意

生活用水水质必须达到国家关于饮用水有关标准（GB 85749—2006）。生活饮用水水温不大于18℃为宜，由市政水网引入，应设有计量，水井出口处也应有计量措施。农业种植节水灌溉设施配置率达到100%；景观绿化节水灌溉设施配置率达到100%。室内消防可使用生产、生活水管线，另外设置必要的消防工具及灭火器。

规划区内农业设施面积为182亩，露地种植面积为350亩。按照农业灌溉标准，设施种植滴灌需要15立方米/(亩·次)，露地种植滴灌10立方米/(亩·次)。按照每天灌溉两次，规划区一年农业灌溉用水量为370万立方米。

（六）设施配套（图7–12）

按照“合理布局、按需建设”的原则进行垃圾箱、公共卫生间、垃圾中转站、垃圾处理厂的规划，力求使环卫设施和废弃物收集、运输、处理及综合利用达到文明、科学、先进的水平，实现生活垃圾处理减量化、无害化、资源化和产业化。

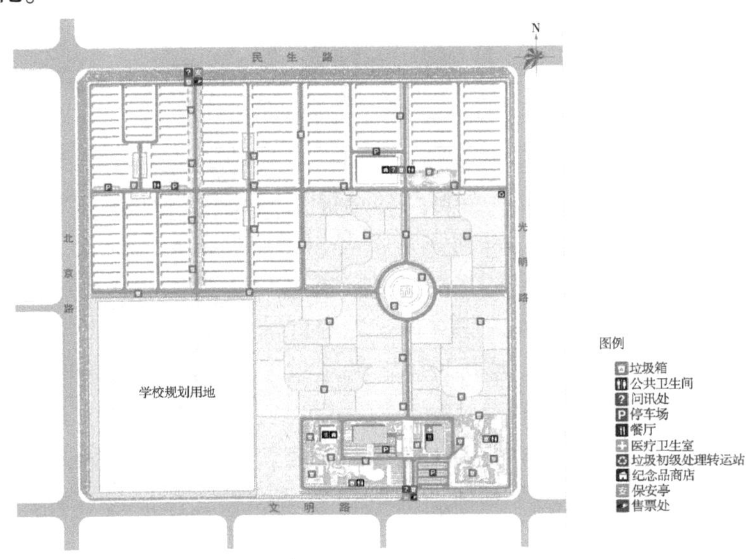

图7–12　配套设施示意

（七）标识与解说系统

1. 标识系统

标识指的是公共场所的指示系统，其包括地域标识、交通和服务指引牌、警示忠告牌等，属于公益配置。

（1）地域标识系统　进入某个区域时的提醒或认知，如入口大门、标志石碑等。

（2）交通和服务指示牌　提供交通和接待设施信息服务，清晰标示目前位置、前方不同区域方向、名称、距离等要素。根据实地情况和道路指引需要，主要布置在各区域出入口、道路交错路口等。

（3）警示忠告牌　在需要对来客行为规范处设立安全牌示和忠告牌示，以文字提示为主，主要功能是提示其注意安全和规范其行为，保护区域内资源和环境等。在主要区域、重要或危险的位置应设立相应的警示忠告牌。

2. 解说系统

解说系统基本由解说信息中心（综合服务中心）、解说牌、人员解说和宣传图册这四部分构成的。

（1）解说信息中心　在先导区设立一个解说信息中心，对客人进行整体解说，编制发放参观手册，通过图片、照片、文字等方式解说，集中介绍有关区域的背景和详细资料等。同时介绍先导区详细信息，处理相关事务。解说中心设立资料点，可供来访客人查询相关信息（画册、文字说明、交通信息等）。

（2）解说牌系统　先导区解说牌主要分为全区牌示、各功能区牌示等。

①全区解说牌：全景图是先导区整体形象面对参观者的第一次展示，牌示应具有汉、英两种文字解说，同时还应配备以项目区的空间结构、主要区域、道路、服务设施等示意图，对整体格局进行描述，包括平面图、鸟瞰图、简介文字、地图等表现形式，此外应配有整个先导区的空间结构，参观者目前所在位置、道路方向、主要区域、接待设施等的示意图。应在综合服务中心及各个功能区入口处设置全区解说牌。

②项目区解说牌：在主要项目区设置，要求重点设计，制作精致，与周边环境相协调。还应标出参观者具体所在的位置和线路，帮助参观者快速定位，并获取所需的信息。

（3）人员解说　通过直接的交流，使参观者了解功能区的背景、主要特色等相关知识，引导参观者参观游览主要功能区和参与活动项目。人员配置以专业导游服务人员为主，同时可吸收部分当地居民参加特色解说活动。

八、项目组织与管理

（一）项目建设期管理

本项目的实施将按照现代项目管理的方法进行全过程管理。

成立《新疆和田市国家农业科技园区“先导区”》项目领导小组，项目领导小组下设园区管委会（下辖人事、财务等职能），品牌运营部，销售部，生产管理科和旅游管理科、基建科等部门，各司其职保障园区基本运行。

按照美国项目管理协会制定的《项目管理知识体系指南》中的有关规定进行项目管理。其中，特别要加强项目风险管理、项目费用管理、项目质量管理和项目采购管理，着重做好资源配置、团队管理、沟通管理、变更管理、绩效管理等，推行组织结构扁平化、过程管理、目标管理、工作分解结构管理、界面管理、无边界管理、工作包管理等先进项目管理方法，抓好项目进度调度、项目验收、项目移交等关键项目管理环节和项目后管理。

（二）项目运行期管理

1. 工程管理

实行规范化管理，坚持按规划立项、按项目管理、按设计施工、按标准验收、按效益考核以及先设计、后施工、再验收的原则。实行项目法人责任制、招投标制和工程建设监理制，由领导小组负责，统一管理，确保工程的建设质量。工程建设根据批准的设计文件，施工单位必须严格按有关技术规程、规范、标准和批准方案组织施工，保证质量。项目建设单位加强施工管理，强化对建设工程的管理、监督检查和验收工作。

2. 财务管理

项目建设资金的管理和使用要严格按照财政部有关文件规定执行，建设单位要切实加强财务管理，规范会计核算，努力提高资金使用效益。一方面，园区建设资金要独立核算，避免被挤占挪用、改变投向、滞留欠款等现象；另一方面，要建立健全外部财务监督和内部财务约束相结合的监督机制，把各项财务活动纳入法制化轨道。

对项目资金要从源头抓起，统一管理，对建设资金及时地进行监督、检查，跟踪审计，不合格的停止付款，以保证各项资金及时足额到位和合理使用，确保项目及时实施并保证质量。

3. 信息管理

为做到对建设项目实行严格、规范、科学的管理与决策，保证园区建设的进度和质量以及园区的正常运营，需要对园区各方面的信息以及与园区有关的外部市场信息进行汇总、分析和处理。为此，必须建立管理信息系统和相应的规章制度，并由领导小组负责，统一管理。

（三）示范园区的运作

高薪聘请国内外著名专家学者及工程技术人员，对科技成果的技术领先性、社会效益性、经济效益性及可运作性进行准确无误地评估，并解决产业化过程中的关键技术问题。充分利用北京市农林科学院及其他单位的科技资源、管理资源和运输体系，面向全国建立认证的网络运行，将新品种、新技术传播开来，为和田地区的农业发展提供有力的保障。

（四）劳动定员

本科技创新及示范园区约需劳动定员300人，其中，管理人员20人，技术人员40人，后勤人员40人，临时用工200人，科技园区中可采用承包形式，充分发挥市场机制的作用，谁投资谁受益，产权清晰，形成多渠道、多元化投资体系。企业承担组织生产经营职能，并按照市场经济规律组织种植户进行商品生产。园区管委会等管理机构给予技术支持、引导科学种植。

（五）技术培训

园区将聘请国内知名专家组成专家委员会，专家委员会的职能是就园区发展的方针、规划、管理以及重大科技项目和研发资金的使用方向提供咨询服务，与此同时，加强与农业科学院等当地知名科研院所的合作与交流，建立长期稳定的技术依托关系，在技术上保障园区的科技开发项目的快速运行。另外，有计划地定向培训农林生产及管理人才，进一步密切与北京方面的合作关系，与中国农业大学、中国农业科学院和北京市农林科学院的专家加强合作与交流，从人才培养、科研成果示范推广、实验基地建设等合作积极开拓创新。技术支撑单位的科研项目和成果优先考虑在园区进行研究、示范和应用，并根据园区建设的内容，给予技术指导和培训，确保园区的生产和研发能力有效支撑园区的可持续发展，园区与相关科研机构的产学研结合，将有效推进园区的快速发展。

该园区作为科技先导区，对科技含量要求较高，同时作为国家科技园区对管理人员、科研人员和工人的技术提出了一定标准，因此，除了建立专家委员会之外，在园区实施前及实施过程中，将不断抽调各级人员进行业务培训，使其熟练掌握各项技术，精通园区工艺流程中常见的故障排除方法。园区培训主要分以下两个方面。

一方面，对园区内部人员进行培训。由人力资源部对园区内的管理人员和工人进行定期培训，聘请国内外本行业知名专家、教授对技术和研究人员进行培训指导，并针对园区的关键技术和难关进行专业培训，解决生产中的“瓶颈”问题。同时，选派骨干技术人员到国外进修和学习。

另一方面，对园区外部人员进行培训。对有培训需求的农户以及涉农企业，选派相应的技术人员对其进行扦插技术、施肥和病虫害防治培训，以及无公害农产品生产技术和有机饲料加工技术的培训，增强农户和涉农企业的农业生产能力。

九、环境评价与风险评估

内容略，详见第6章十一、环境评价与风险评估

十、实施保障

（一）政策引导

政策导向机制。贯彻落实中央第二次新疆工作座谈会精神和北京对口援疆计划。建议和田市政府出台一系列扶持农业发展的政策。建议以专项资金、税收优惠、土地使用优惠和人才引进政策等为主的基地政策扶持体系，发挥政府在政策制定、资金供给等方面的功能与作用，为完善科技园区体质机制营造良好政策环境。

组织推动机制。政府通过制定产业规划、实施方案、管理办法和配套政策措施，进行宏观指导和组织协调，规划完善基地水、电、路等基础设施建设，营造基地建设和发展的良好环境，保障和实现农民利益，努力实现经济效益、生态效益和社会效益的协调统一。

（二）制度保障

建立工作目标考核制度。项目建设单位要统一思想、提高认识、精心组织，通过层层落实责任制，把任务和责任分解到相关部门和具体承办人员，并实行责任追究制度。一是建立工程管理的科学决策机制，在工程规划制定、年度项目安排等方面，应由相关业务专家审查，切实落实民主决策。二是在具体项目的实施过程中，严格遵照执行国家相关规定，规范项目运作程序，实行大宗设备采购招标投标制度、基建会计制度、质量监理制度和预结算多重审计制度。三是建立工程建设信息定期发布机制，增加工程建设透明度，做到年中有建设进度报送，年末有项目总结，竣工有材料完备的工作报告。

主要领导联系制度。各级项目行政主管部门负责人要切实负责。对项目承担单位的建设情况进行定期和不定期的检查和抽查。对检查中发现的问题要与项目承担单位进行沟通，及时解决；对项目管理不善、偏离建设目标、资金使用不当等问题要及时予以纠正，并采取通报批评、限期整改，直至取消项目承担资格等措施。项目验收要严格按照国家的有关规定进行综合评估，严格把关，保证质量。

（三）加大宣传

全面的宣传保障。目前规划区相关配套的基础设施不完善，开发程度不高，外界对此处的认识和了解很少。因此，要提高竞争力和提高知名度，就要充分借助社会和媒体的力量，向外界进行宣传和推介。充分发挥现代网络技术，建立科技园区专属的网站，及时发布相关信息。充分利用已有资源和营销渠道，注重合作，以及政府扶持政策和优惠政策。

加大宣传力度。充分借助广播、电视、报纸、移动传媒、App 等各种媒介，加大宣传力度。针对不同目标市场、不同受众，有序开展宣传主题词征集活动。采取不同的宣传形式，选择不同的载体，增强宣传效果。在政府主导下，各级联动、企业参与、部门支持、媒体配合，通过高强度、广覆盖、大容量、有新意的整体宣传和舆论造势，营造大产业、大市场氛围。

（四）资金保障

规划区域内基础设施及其他工程项目的建设需要大量的资金支持。建设资金单靠政府有一定的难度，需要多方筹措。因此，必须建立完善的多渠道融资体系，创新投融资机制和资金管理机制。

争取国家财政支持。利用相关政策性优惠，积极争取国家和地方对于农业发展的支持资金，按政策规定申请工程专项建设资金和其他财政补贴资金。

扩大融资规模。发挥金融机构信贷资金对项目开发的支持作用，扩大融资规模；主动与金融部门联系、沟通，积极向金融部门推荐好的项目，探索以项目收益权或收费权作为质押向银行贷款的途径。

(五) 监督评价

从组织管理、基础条件、科技项目、基地经营、综合效益等方面，逐步规范科技园区建设运营的各项制度，制定切实可行的考核评估办法，定期进行综合考核。

加强资金使用监督。政府应建立有效的资金监督检查机制，检查基地实施方案进展是否按进度执行、资金投入是否到位、阶段性工作成果是否达到预期目标等，定期检查基地分阶段建设资金筹措和使用情况，特别是要关注政府扶持资金的使用情况，严格执行专款专用，确保资金用于基地建设。

加强土地利用管理监督。对基地用地结构、规模、质量进行监测和检验，及时了解土地使用情况及设施建设和维护等情况。对基地基础设施建设、政策执行情况给予检查监督，保障基地公共服务体系健全，形成良性发展制度。

加强基地环境保护监督。对基地生产过程实施环保评价，重点对农业投入品、生产废弃物等进行分析、监测，对基地造成的环境问题适时提出整改措施。

参考文献

艾红娟，蒋和平．2015. 新疆发展现代农业的影响因素分析——基于经济增长的视角［J］. 广东农业科学，42（12）：180-185.

陈燕连，蔡海生，林联盛．2013. 区域主导产业选择研究综述［J］. 当代经济（15）：149-151.

崔功豪，魏清泉，刘科伟．2001. 区域分析与规划［M］. 北京：高等教育出版社．

崔军．2011. 循环经济理论指导下的现代农业规划理论探讨与案例分析［J］. 农业工程学报（11）：283-288.

高洪深．2006. 区域经济学［M］. 第二版．北京：中国人民大学出版社．

高瑞娜．2018. 山西省现代特色农业区域布局研究［D］. 太谷：山西农业大学．

公学国．2014. 台湾休闲农业发展对大陆农村经济发展的启示［J］. 现代物业（中旬刊）（01）：74-76.

谷康，李淑娟．2012. 苏南地区观光农业园景观规划探析——以无锡观光农业园为例［J］. 规划师（1）：45-50.

关昆，王刚，冯涛，等．2013. 基于 GIS 的农业区域发展规划辅助建设［J］. 农业网络信息（3）：22-25.

关鑫．2016. 农业规划区内主导产业优选方法集成研究［D］. 北京：中国农业科学院．

郭柳剑．2016. 创意休闲农业经济发展模式研究［J］. 科技经济市场（1）：57-58.

李铜山．2011. 发展特色农业须规避的五大实践误区［J］. 中州学刊（2）：48-51.

梁辰浩，夏颖种．2016. 产业融合创意休闲农业旅游研究［J］. 社会科学家（5）：85-89.

刘萍．2014. 从欧美农业旅游集群看中国的观光农业——以美国、意大利、波兰为例［J］. 生态经济（4）：138-142.

刘玉．2003. 中国区域政策研究——演化、机制和评价［D］. 北京：中国科学院．

卢布．2011. 农业规划编制概论［M］. 北京：中国农业科学技术出版社．

鲁丽雯 . 2017. 地域文化视角下小城镇公园景观设计研究［D］. 吉林：吉林农业大学 .
鲁明勇 . 2011. 旅游产权制度与民族地区乡村旅游利益相关者行为关系研究［J］. 中南民族大学学报（人文社会科学版）（3）：40-45.
马琼 . 2007. 基于增长极理论的农业科技园区布局研究［D］. 泰安：山东农业大学 .
米长虹，李无双，张爱，等 . 2012. 我国农业规划环境影响评价的问题与对策［J］. 农业环境与发展（1）：58-61，66.
申彧 . 2009. SWOT 分析在区域可持续发展定位中的应用［D］. 厦门：厦门大学 .
孙久文 . 2005. 区域经济规划［M］. 北京：商务印书馆 .
唐华俊，罗其友 . 2008. 农业区域发展学导论［M］. 北京：科学出版社 .
王君 . 2013. 地域性文化在景观设计中的应用研究［D］. 济南：山东建筑大学 .
王悦，马树才 . 2017. 城镇化、产业结构升级对城乡收入差距的影响效应研究——基于空间滞后面板模型［J］. 西南民族大学学报（人文社科版），38（4）：143-148.
徐志 . 2014. 北方农业观光园规划设计研究——以潍坊市沙河农业观光园为例［D］. 济南：山东建筑大学 .
薛辉 . 2013. 千阳县循环农业规划原理与实践［D］. 杨凌：西北农林科技大学 .
于华方，杨晶明 . 2002. 县级生态农业建设规划与实施［J］. 环境保护科学（2）：47-54.
张海成 . 2012. 县域循环农业发展规划原理与实践［D］. 杨凌：西北农林科技大学 .
张可云 . 2001. 区域经济政策——理论基础与欧盟国家实践［M］. 北京：中国轻工业出版社 .
张蔷 . 2013. 中国城市文化创意产业现状、布局及发展对策［J］. 地理科学进展，32（8）：57-61.
赵金金 . 2016. 中国区域旅游经济增长的影响因素及其空间溢出效应研究——基于空间杜宾面板模型［J］. 软科学，30（10）：53-57.
赵其波 . 2015. 区域农业安全理论及实证研究［D］. 北京：中国农业大学 .
周广生，渠丽萍 . 2003. 农村区域规划与设计［M］. 北京：中国农业出版社 .